Vera Hewener

Zaubervolle Jahreszeiten
- Der Frühling -

Frühlingsgedichte, Geschichten und
Gedanken zur Frühlingszeit

Edition Calamus

Über die Autorin
Vera Hewener, Jahrgang 1955, geboren in Saarwellingen, Dipl.-Sozialarbeiterin, veröffentlicht seit 1985 u.a. in Deutschland, Frankreich und der Schweiz, Einzelübersetzungen ins Französische und Ungarische liegen vor. Vera Hewener erhielt für ihr Werk mehrere internationale Auszeichnungen und Literaturpreise u.a. „Superpremio Cultura Lombarda" vom Centro Europeo di Cultura Rom (I) 2001, den „Grand Prix Européen de Poésie" von CEPAL Thionville (F) 2005, Goethe-Preis 2013, zuletzt Trophäe Mörike 2015.

Über das Buch
Der Frühling ist der Hauptakteur dieser Anthologie. Er erweckt die Natur zu neuem Leben, lässt Knospen sprießen, spendet Düfte, zaubert Blütenschaum und taucht die Welt in einen Farbenrausch. Vera Hewener entzündet „ein Farbenfeuerwerk der Verse" (Heusweiler Wochenpost 08.01.2014 2/14), malt poetische Bilder voller Licht und Farben, in den vielseitigsten Facetten und Formen, eingebunden in Fest- und Feiertage" (Wochenspiegel 05.06.2013). Die Texte entstanden zwischen 1985 und 2017.

Pressesplitter:
„Zart und duftig wirken auch die Naturgedichte, ganz in Anlehnung an sapphische Odenstrophen geschrieben, Stimmungslyrik von emotionaler Dichte." (SZ, 28.05.04).
„Vera Hewener baut aus dem, was sie sieht, kleine Wortkunstwerke, mit Rhythmik und viel Stabreim..." (SZ, 07.11.11)

Vera Hewener

Zaubervolle Jahreszeiten
- Der Frühling -

Frühlingsgedichte, Geschichten und Gedanken zur Frühlingszeit

Edition Calamus

Die Deutsche Bibliothek verzeichnet diese Publikation in der Deutschen Nationalbibliografie; detaillierte bibliografische Daten sind im Internet unter http://dnb.d-nb.de abrufbar.

© BoD - Books on Demand GmbH. Alle Rechte vorbehalten. Das Werk, einschließlich seiner Teile, ist urheberrechtlich geschützt. Jede Verwertung ist ohne Zustimmung des Verlages und des Autors unzulässig. Dies gilt insbesondere für die elektronische oder sonstige Vervielfältigung, Übersetzung, Verbreitung und öffentliche Zugänglichmachung.
© Für die Texte: Alle Rechte beim Verfasser. Vera Hewener
Umschlagsbild: Ölgemälde von Vera Hewener
1. Ausgabe 2017.

Herstellung und Verlag:
BoD - Books on Demand
In de Tarpen 42
D- 22848 Norderstedt
ISBN 9783743125117
9,90 €

Das Jahr hat viele Tage

Die dunklen Tage
sonnengefiltert sind dir
Nordlicht nicht genug

Monatslosungen

Der Februar ruft Narren
Der März schiebt den Karren
Der April kann gut posen

Der Mai pflückt Hagebutten
Der Juni rockt Rosen
Der Juli wandert in kurzen Hosen

Der August verbrennt Hitze
Der September soll sie kosen
Der Oktober lockt alle Herbstzeitlosen

Der November tropft in Ritze
Der Dezember schenkt Engelputten
Der Januar wirft über Feuerwerk Kutten

Wärmelichter

Wer lobt den Gesang der Natur
wenn sie nach der Kälte Feuer legt
für die Wärmelichter des Frühlings

wenn alles dir zufliegt
wird der Wind dich streicheln
wie die Kätzchen das Gesträuch

alles was lebt erneut sich
unter dem Blick dieser Liebe

In allen Dingen

Keine Wahl lässt das Jahr
geh durch alle Zeiten
mit der gleichen Vertrautheit

Natur in ständiger Wiederholung
bereitet den Boden
den du täglich berührst
alles in allen Dingen
wartet flüstert und wacht

Knospen entfalten Blätter
Hummeln scharren sich frei
Sonnenstunden vermehren sich

keine Wahl lässt das Jahr
geh durch alle Zeiten
mit der gleichen Vertrautheit

Frühlingsrondell

Das Jahr hat viele Tage
Frühling wird es jedes Jahr
Kein Sommer ohne Frühling
Das Jahr hat viele Tage
Kein Herbst ohne Sommer
Kein Frühling ohne Winter
Das Jahr hat viele Tage
Frühling wird es jedes Jahr

Frühling wird es jedes Jahr
Gehölze saften die Saat keimt
Regen feuchtet die Gründe
Frühling wird es jedes Jahr
der Boden modert nährt den Sprössling
Sonne wärmt die Fülle alles wächst
Frühling wird es jedes Jahr
Gehölze saften die Saat keimt

Gehölze saften die Saat keimt
Blätter entfalten sich
immer wieder blüht es
Gehölze saften die Saat keimt
Pollen und Bienen fliegen
ohne Befruchtung keine Ernte
Gehölze saften die Saat keimt
Blätter entfalten sich

Das Spiel der Natur

Dohlen kreisen über Bohlen
die über hohlen Tälern
Wege ebnen für das Rehwild

das im Überwintern durch das Schweigen huscht
der Fuchs noch kuscht
in seinem Bau

wenn Schwarzwild sich zusammen rottet
durch starre Wälder trottet
und den Schnee durchwühlt

wenn die Schneegans auf weißen Feldern landet
hat der Winter nicht mit Blech gehandelt

die Jagd beginnt
es kreischt schlägt rennt und röhrt

unerhört das Spiel der Natur
wo Leben vom Leben lebt

wenn ungestört von Kultur
sich Schwarz von Weiß abhebt
der Tag von der Nacht
die Sonne vom Mond
der Winter vom Frühling

und doch ineinander fließt verschmilzt vereint
was die Schöpfung mit Immergebärendem meint

die immerwährenden
wiederkehrenden
sich wiederholenden
Jahreszeiten der Natur

Über die Jahreszeiten

Die Erde dreht sich um sich selbst, d.h. um ihren Massenmittelpunkt, den geozentrischen Schwerpunkt. Die Achse, um die sich die Erde dreht, nennt man Rotationsachse. Vom Erdmittelpunkt aus betrachtet stößt sie an die Erdoberfläche. Die Schnittpunkte mit der Erdoberfläche bilden den Nord- bzw. Südpol. Die vom Erdmittelpunkt zur Erdoberfläche reichende rechtwinklige Ebene ist die Äquatorialebene. Den Großkreis um diesen sog. Nullpunkt nennt man Äquator. Um die Erde zu vermessen und geographische Verortungen zu bestimmen, ist die Erdoberfläche in von der Äquatorlinie ausgehende Breiten- und Längengrade eingeteilt.
Die Rotationsachse ist relativ stabil, d.h. sie ist fest im Raum. Durch die Abplattung der Erdkugel wirken jedoch die Gravitationskräfte von Sonne und Mond auf das Drehmoment ein, was zu periodischen Abweichungen im Raum führt. Dies hat zur Folge, dass die Schnittpunkte der Umlaufbahn um die Sonne, der Ekliptik, mit dem Äquator im Raum langsam durch die Sternbilder der Tierkreise wandert. Hinzu kommt, dass die Rotations- bzw. Erdachse zur Ekliptik nicht in einem rechten Winkel steht, da die Erde geneigt ist. Während des Umlaufs um die Sonne verändert sich so auch der Winkel der Sonneneinstrahlung, woraus sich die Jahreszeiten ergeben.
Die Strahlungsleistung der Sonne hängt von deren Einfallswinkel auf die Erde und der Dauer der Sonnenstrahlung ab. Die Klimatologie teilt die Erde in verschiedene Klimazonen ein, nämlich in die Tropen, die Subtropen, die gemäßigte Zone und die kalte Zone. Deutschland liegt in der gemäßigten Zone. Sie reicht vom Polarkreis bis zum 40. Breitengrad. Die großen Unterschiede der Jahreszeiten nehmen zum Äquator hin ab. Die nachfolgenden Erläuterungen beziehen sich auf die Nordhalbkugel.
Ist die Erde der Sonne zugeneigt, steht die Sonne hoch über dem Horizont. Die Lichtleistung fällt steil auf die Erde und erwärmt sie. Ist die Erde zur Sonne abgeneigt, steht die Sonne tief, d.h. unterhalb des Horizonts. Der Einfallswinkel des Sonnenlichts ist flach. Die Erde kühlt ab. Überschreitet

die Sonne den Himmelsäquator von Süden nach Norden oder von Norden nach Süden, steht sie vom Erdmittelpunkt aus betrachtet jeweils senkrecht über dem Erdäquator. Da sie die Hälfte der täglichen Sonnenbahn zu diesem Zeitpunkt erreicht, sind auf der ganzen Erde Tag und Nacht ungefähr gleich lang. Es ist Tag- und Nachtgleiche. Diese Schnittpunkte der Umlaufbahn zwischen Himmels- und Erdäquator sind die sog. Äquatorialpunkte, d.h. der Frühlings- bzw. Herbstpunkt. Sie dienen der astronomischen Einteilung der Jahreszeiten in Frühling und Herbst. Erreicht die Sonne den größten Abstand zum Himmelsäquator, spricht man von der Sonnenwende. Diese Wendekreise liegen zwischen den Äquatorialpunkten und bilden den Beginn des astronomischen Sommers bzw. des Winters. Der sog. Frühlingspunkt liegt zwischen dem 20. und 21. März, dem Zeitpunkt der Tag- und Nachtgleiche. Daran angelehnt ist der kalendarische Frühlingsbeginn. Die Nordhalbkugel ist nun der Sonne mehr zugewandt, d.h. es wird wärmer werden und die Länge des Tages nimmt wieder zu.

Um die unterschiedlichen Klimadaten in der Erdatmosphäre auswerten zu können, sind vergleichbare Zeiträume erforderlich, weshalb in der Wetterkunde die Jahreszeiten jeweils drei volle Monate umfassen. Die Beobachtung der Natur ist seit Menschen Gedenken für das Überleben von besonderer Bedeutung. Die Nutzbarmachung der Erde ist ein biblischer Auftrag. Die ersten Aufzeichnungen über die Natur, aus welchen sich die sog. Phänologie entwickelt hat, stammen aus dem Jahr 705. Den Grundstein für die flächenmäßigen Beobachtungen legte der schwedische Botaniker Carl von Linné, der 1752 in Schweden 18 Beobachtungsstationen einrichten ließ.

In Deutschland entwickelte Max Frisch 1853 das Meldeformular mit der Instruktion für Vegetationsbeobachtungen. Sie wurden nun systematisch eingetragen. Die Untersuchungen zeigten, dass Pflanzen während ihrer Entwicklung auf Witterungseinflüsse wie Universal-Messinstrumente ansprechen und reagieren. Sie registrieren alle meteorologischen Faktoren.

Die Phänologie gehört heute in vielen Ländern neben der Klimatologie zu den Aufgaben der Wetterdienste. Der Deutsche Wetterdienst teilt die an solchen Stationen zu beobachtenden Pflanzen, an denen die jeweils unterschiedlichen Entwicklungsphasen registriert werden, in vier Gruppen ein. Zu ihnen gehören die Wildpflanzen, Forst- und Ziergehölze, landwirtschaftliche Kulturpflanzen, Obst und Wein. Die sog. phänologischen Zeigerpflanzen sind charakteristisch für die jeweilige Jahreszeit. Lokal gibt es unterschiedliche Blüh- und Entwicklungsphasen. Anhand der Zeigerpflanzen wird das Jahr in zehn physiologisch-biologisch begründete phänologische Jahreszeiten eingeteilt, in den Vor-, Erst- und Vollfrühling, den Früh-, Hoch- und Spätsommer, den Früh-, Voll- und Spätherbst und den Winter. In der Wetterkunde gehören die Monate März, April und Mai zum Frühling.

Bauernregeln
Des Gärtners liebstes Steckenpferd ist seine gute Komposterd.
Ist der Gärtner fleissig, ist auch die Erde nicht faul
Wenn's der Hornung gnädig macht, bringt der Lenz den Frost bei Nacht.
"Der Tag mag kurz sein, aber nicht das Jahr." – Aus Bosnien
Werden früh die Wiesen bunt, labt ein edler Wein den Mund.
Auch der Pfahl hofft bei des Frühlings Rückkehr, dass er grünen werde. Aus Finnland

Zitat
„Zu wissen, dass wir wissen, was wir wissen und nicht zu wissen, was wir nicht wissen, das ist wahres Wissen."
Kopernikus 1473-1543, preussischer Astronom
„Im Frühling kehrt die Wärme in die Knochen zurück."
Vergil 70-19 v.Chr., römischer Dichter
„Die Phantasie ist ein ewiger Frühling." Friedrich Schiller
"In jedes Lebensalter treten wir als Neulinge und ermangeln darin der Erfahrung, trotz der Zahl der Jahre!" François de La Rochefoucauld

Noch wintervoll

Rot wirft das Sonnenrund
das ungebrochen
jeden Tag aufsteigt
über dem Horizont
noch wintervoll
strahlendes Eislicht

Blattreste schlagen
auf frostiges Gras
über den Erdhöhlen
der Winterschläfer
die Zeiger der Kälteuhr
stehen auf Kühlzeit

den Murmeltieren gleich
liegen wir an Kaminplätzen
eingemummelt
doch das Wintergeläuf
schont nicht
morgenvoll

müssen wir verlassen
was wärmt
um den Hunger zu stillen
in der geschäftstüchtigen Welt
die uns der Winter
nicht nachlässt

Genesis

Tief unten im Brunnen
klärt sich die Quelle. Endlich
wird das Wasser trinkbar.
Wie lange doch das Fallen schallt!
Ich entdecke meinen Durst wieder.
Meine Zunge ist gierig nach
dem reinen, entgifteten Nass.
Man sieht mir zu, wie ich
meine Zisterne entwässere
ob dem ungetrübten Regenguss und weiß,
der Winter ist zu Ende.

Ich schütte auf die Gräben
zerstückelte Äste, die der Baumfall übrig ließ.
Das Loch des Strunks wird sich wieder
füllen mit jedem Samenkorn,
das der Wind aus den Weiden herüber trägt,
wilden Wuchses, der unbändig wurzelt
und ausschlägt, später, wenn die letzten
Tropfen versiegt.

Das Schwarz entflieht

Ach alles wendet sich zum Licht
doch Augen blind vom Dunkeln
verhängen die Fenster

Stiller Tag der Ernte

Das Schwarz entflieht der Nacht es schwindet das Besternte
das Licht die Nachtigall erfliegt und debütiert
mit hellem Klang sie Heinrich Heine rezitiert
als frühes Morgenrot die Dunkelheit entkernte

der Sonnenwind erzählt vom stillen Tag der Ernte
und auf dem grünen Hain ein Schmetterling vibriert
ein Käfer huscht und Blüten flattern ungeniert
der Hahnenschrei ertönt verkündet das Gelernte

Ein Lächeln mir geschenkt es fiel aus andren Tagen
als deine Stimme noch in meine Worte drang
und Kummer ganz und gar im Nu dein Kuss verschlang

in diesem Frühjahr müssen ihn die Träume jagen
was einst natürlich schien und liebend uns verband
im Leben sich verlor im Werden neu gebannt

Sonnentiefstand

Der Kuckuck durch Pinien gluckt
weckt mit seinem ständigen Rufen
Tauben auf

jenseits des Winters
dünnt die Zeit
die Nadeln aus
grünlich grün
bräunlich braun

kein Platz zum Verstecken
Zapfen strecken sich
kreuz und quer
von Astgabeln

am Frühlingspunkt
steht die Sonne
nicht hoch genug
um Blüten zu entlocken
Blätter zu entfalten

doch bald
bald schon
dreht sich die Erde
und der Tiefstand
wechselt
die Ebene des Lichts

Vorboten

Es ist immer noch kalt. Draußen der verhangene Himmel, will nicht weichen. Frost am Morgen zaubert rauchende Kristalle ins starre Gras. Der Lorbeerstrauch schüttelt feuchte Tropfen ins Heidekraut und das Pfaffenhütchen reckt sich in die Höhe, als wollte es an die Himmelstür klopfen. „Komm herein", ruft die Wolke, schwer, dunkelhäutig, eingerissen und aufgebläht, „komm nur herein, ich will dich reinwaschen von der Nacht, will ihre schwarzen Häute schälen bis auf den weißen Grund." Ach komm, komm Sonnenstrahl hinter dem Horizont hervor, sende deine Lichtbotschaft in die neue Zeit. Ja, liebe Sonne, das wünsche ich mir, aufbrechendes Licht, das jeder Kreatur Freude ins Gesicht lockt, eine gerechte Sonne, die für alle scheint, ohne Vorbehalte, warm und leicht und zärtlich, hüll mich in einen Mantel aus Frieden und Stille, voller Vertrauen in die Liebe der Schöpfung, in die Güte des Geistes, ein Kind Gottes zu sein, eine geschöpfte Staubform. Auch die Schneeheide will hoch hinaus, sie läutet mit ihren langen, schmalen roten Blütenglocken die Morgenstunde ein und ruft zur Laudes. Still betet sie in sich hinein: Herr, öffne meine Kronblätter, damit die Staubfäden die Sonne loben können und dir danken für die Wärme." So wie es in der Schrift steht: Gottes gedachte ich und wurde froh' (Ps 77,4). „Liebe Sonne scheine herunter auf uns Kleine", singen die Kinder voller Vorfreude auf den nahenden Frühling.

Sprieße, sprieße, sprieße, Blümelein, blühst so fein, duftest zart im Morgenschein auf der grünen Wiese.

Bauernregel
Werden früh die Wiesen bunt, labt ein edler Wein den Mund.

Zitat
"Wie Samen, die unter der Schneedecke träumen, träumen eure Herzen vom Frühling. Vertraut diesen Träumen, denn in ihnen verbirgt sich das Tor zur Unendlichkeit." Khalil Gibran, 1883-1931, libanesisch-amerikanischer Dichter

Maskerade

Narren erkennen sich
in ihren Masken

im Absoluten
ist das Erkennen
der einzige Gegenstand

du aber
ziehst keinen Mantel an
keine Brille
keinen Mundschutz
keine Ohrenklappen

im Beutezug nach
Chamäleons
Spitzmäusen
Füchsen
Löwen
und Schlangen

stehst du dem Umzug
Aug in Aug gegenüber

hüte dein Geheimnis
unter der Narrenkappe
des Alltäglichen
frühlingt der Winter

Tiefschlaf

die Vögel fliegen am Mond vorbei
ziehen die Nachtschleppe hinter sich her
ich verfinstere in Träumen

ach du mein Tiefschlaf
scheinbar lebloses Spiel auf dem
Abenteuerspielplatz des Unbewussten

überlebensgroß
Sandmänner
Schnitter
die sich mit Schutzengeln streiten

im Schattenland lebt die weiße Frau
vorbei an der grauen Frau
Lichtland zwischen lautlosem Verlust

ich gehe zurück
stehe am Auskunftsschalter
meine Fahrkarte läuft ab
in welchen Zug
steige ich heute ein

du rüttelst meinen Körper
ich liege im Aufwachraum
über mir dein Gesicht

Sonne beginnt
sich zu verflüstern
stäubt mir Lichtpartikel
unter die Lider

Augenaufschlag

Aufwärmflug

Licht flieht aus der Dämmerung und die Wolken
dicht gedrängt bewegen sich leicht
nachtgerändert mit ausgedehnten Flügeln
wanken Wintervögel perlengezogen
hoch über meinem Kopf

unter der Last der Kraftfahrzeuge schwankt vor mir
die Gersweiler Brücke verdampft den Kältefrost
auf Laternenköpfen streiten Raben
übertönen im Kampf um den Wärmplatz
das Motorengedröhn

am Saarufer schläft noch Reif und Eis
Stockenten rutschen über Frostflächen
und Hunde rennen der Kälte davon

Glanzlichter

Grau ist der Weg
    unter Schneeblumen trieb sich alles Nass
    das starr geworden die Farben fraß

wenn des Himmels weiße Maske
    sich über die Erde stülpt
    werfen Winterblumen Glanzlichter
    entblättern Blüten auf Stängel
    wie kleine Engel

Hoffnungsschimmer
    Lebensboten

Im Fluss

Komm in den stillen Park
eh sich die Fichten regen
spüre wie Sehnsucht klingt
allen Wolken entgegen
hebe dich hoch hinauf
mache dich leicht für die Ferne
suche das Licht in dir selbst
für den Aufgang der Sterne

dann leuchte dich in das Morgen
in das Glück einer Blüte
höre den Klang deiner Sonne
die einst vor Freude erglühte
tief in dir strömt was verborgen
du vor dir selber hälst
ob es zerfließt liegt am Flussbett
dessen Neigung du wählst

Ein Kind kann sein
wie eine Frühlingsblume:
aus dem zaghaften Erblühen
wird einst strahlende Reife

Frühlingsboten

Von Frost durchdrungen aus des Winters Kralle
der Boden sich entwindet, aufgelöst
in Tränen Schneemann, der ins Gras sich flößt,
bis alles Weiß verblichen, alle Schneekristalle.

Und aus dem Dunst der grauen Nebelfalle
ein leichtes helles Blau den Morgen stößt,
der zögernd sich, von Dunkelheit entblößt,
hinauf sich schwingt in Himmels hohe Halle.

Ein Stängel weiße Blütenblätter schüttelt
vom grüngestreiften Krönchen dass es nickt:
das Lichtmessglöckchen hat die Welt erblickt.

Am süßen Saftmal eine Biene rüttelt,
verteilt den frischen Duft ins lichte Land,
als erste Frühlingsbotschaft ausgesandt.

Morgenglühlicht

Und schneidet den Wald
in Baumreihen entzwei
Schneise für Schneise
Morgenglühlicht

Geschwirr in der Luft
Nestflüchter
suchen Äste ab

Hübsches Februarmädchen

Das Frieren lässt nach. Ich zittere nicht mehr so stark beim Anblick von Frost. Auch wenn das Gras noch klirrt, morgens im Frühnebel.

Der letzte Schnee taut, schau nur, Schneeglöckchen haben sich durchgestochen. Hübsches Februarmädchen, denke ich, Lichtmess-Glöckchen, ach ja, reinweiße Jungfrau. Abpflücken darf ich dich nicht, du stehst unter Naturschutz. Milchblume, du bist giftig bis in die Zwiebel, keine Speise der Götter, aber der Mode unterworfen, es gibt dich in über zwanzig verschiedenen Arten.

Weitere Duftspender schicken sich an, mein Riechhirn wiederzubeleben. Winterlinge, Winterschneeschall, Zwerg-Iris oder die Zaubernuss, ja ihre weißen Sterne strahlen mit dem letzten Schnee um die Wette. Überhaupt schwebt der Geruch von Moos und Laub, das jetzt in der Sonne fault, über der Landschaft, besonders im Wald modert es, denn die Bäume ziehen neue Säfte. Frühlingsgefühle wecken meine Lust zu neuem Leben und Entdecken. Es wird nicht mehr lange dauern. Der Vorfrühling hat sich schon angesagt, der Winterjasmin steht in voller Blüte und meine Wiese trocknet ab. Ich richte meine Bank her, polstere sie mit Decken aus. Meine Lebensbäume sind noch nicht wieder im vollen Grün, die Fruchtkapseln beschweren die matten Äste. Sperlinge werden nicht müd, in ihnen zu stöbern und zu schaukeln.

Der Vorfrühling beginnt meist Ende Februar oder Anfang März. Er wird angezeigt durch die erste Blüte von Haselnuss, Schneeglöckchen, Schwarzerle, die Vollblüte des Winterjasmins und in den Alpen durch den Austrieb des Bergahorns. Er endet mit der Blüte der Salweide. Der Vorfrühling dauerte von 1991 bis 2005 an der Beobachtungsstation Saarbrücken-Ensheim vom 13. Februar bis 20. März. 2014 wurde die erste Meldung von Schneeglöckchen am 04. Januar und die letzte Meldung der Blüte der Salweide am 10. März durchgegeben.

Bauernregel

Wenn die Drossel schreit, ist der Lenz nicht mehr weit.
An Lichtmeß muß die Lerche singen und sollt ihr auch der Kopf zerspringen.
Wenn die Katz im Februar in der Sonne liegt, muß sie im März wieder hinter den Ofen.
Wenn im Februar Lerchen singen, wird's uns Frost und Kälte bringen.

Zitate

„Ich bin hinab in den Nußgarten gegangen, zu schauen die Sträuchlein am Bach, zu schauen, ob die Granatbäume blühten." Hohelied 6,11
„Die Japaner malen einen Blütenzweig, und es ist der ganze Frühling. Bei uns malen sie den ganzen Frühling, und es ist kaum ein Blütenzweig." Peter Altenberg (1859 - 1919), österreichischer Schriftsteller
"Und ich sage euch, keine Siegespalme, kein Baum der Erkenntnis, kein Ruhmeslorbeer ist schöner als dieser weiße, zarte Kelch am blassen Stengel, der im frostigen Wind schaukelt." Capek, Karel (1890-1928)

Schneeglöckchen

Schnee schimmert
in der Sonne
löst sich auf
fließt über Zartgrün

glitzerndes Leuchten
befeuchtet die Gräser

weiße Glöckchen läuten
beweinen den Kummer
der im hellen Schlummer vergeht

Maskenball

Verstörte Wiese im Februar liebäugelt
mit Gänseblümchen Schneeglöckchen
schlagen Alarm auch dir droht der Modergeruch

der Zeit mit Frühlingsgefühlen Neumond
wird dich wärmen Baldurs Auge
im März wenn Winter nachrückt
des Kalthauchs Weißtuch ein Wolkenspiel

Vögel stürzen unters Gebüsch Hungrige
stöbern in den Nestern bis der Winter
seine Maske vom Gesicht reißt

ruhe aus im Dunkeln verharre
im Maskenball der Jahreszeit er zündet
Blütenkerzen Sonnenkracher Duftraketen

৪০

Frühlingsaufbruch

Ach dieses Licht sonnenblütig schirmvergessen
schon brennt lustvoll die Lampe der Morgenröte
    auf schneeweißer Haut

Straßen im Aufwachrhythmus führen dich fort
du musst den Hort der Wärme tauschen
unter flachen Winden dich trockenföhnen
    willst du die Zärtlichkeit der Blütenkörbchen teilen

zieh dich hell an
Frühlingsfarben spiegeln sich
    im reinen unverbrauchten Untergrund

Winterrückfall

Die Salweide blühte im Jahr 2014 zum letzten Mal am 10. März. Solange dauerte der Vorfrühling. Doch ich erinnere mich, dass im Jahr zuvor der Winter im März zurückkam. Es sei keine Klimaverschiebung, behaupteten die Meteorologen, ganz normale Erscheinungen, die periodisch immer mal wiederkehrten. „Märzenschnee und Jungfernpracht dauern oft kaum über Nacht", sagt eine Bauernweisheit. In der Natur geschieht nichts ohne Bedacht. Alles was lebt, wird wieder vergehen. Alles was vergangen ist, kehrt im Frühjahr wieder. Vergänglichkeit ist der Motor der Ewigkeit, auch wenn jeder Augenblick nur einmal geschieht und sich nicht wiederholt.
Die Befürchtung, dass alles Aufkeimende durch den Winterrückfall erfrieren würde, bestätigte sich nicht. Der Ernteeinbruch hielt sich in Grenzen. Dennoch, wenn die Bienen nicht fliegen können, verzögert sich der Erstfrühling um etwa zwei Wochen.

Bauernregeln und Sprüche
Hüpfen Eichhörnlein und Finken, siehst Du schon den Frühling winken.
Wenn es vor Frühlingsanfang Gewitter gibt, folgen 49 Tage schlechtes Wetter. Chinesisches Sprichwort
Wenn die Ameisen sich zeigen, ist vorbei des Winters Reigen.

Zitate
Betrachtet das Erwachen des Frühlings und das Erscheinen der Morgenröte! Die Schönheit offenbart sich denjenigen, die betrachten. Khalil Gibran 1883-1931, libanesisch-amerikanischer Dichter
In den kleinsten Dingen zeigt die Natur ihre allergrössten Wunder. Carl von Linné, 1883-1931
"Die Jahre lehren viel, was die Tage niemals wissen." - Ralph Waldo Emerson, Essays

Reime frühlingsverrückt

Noch härten kalte Quellen
Gartenparzellen

Wenn in Hecken
Schnecken sich recken
unter grünen Verdecken

spinnen um Zinnen
Sonnenfiguren
Glitzerspuren

und Bienen kuren
in duftenden Blütenpastellen

ଔ

Vorfrühling

Im Zittergras
Klagelaute der Zikaden

Krähenflug
über verharschten Äckern

im Windfang
glüht die Streuung des Lichts

bald brennt das Farbenfeuer
im Schoß junger Zweige

der Beginn des Neuen
Vogelchöre melden es
der Himmelwächterin

Warten auf winziges Weiß

Pfeift ein Vogel den Liebeslaut
spielt auf zum Tanz der Natur
das Orchester der Jahreszeiten

Wartezeit

Unter weich gewordenen Eisschichten
harrt Winterkorn im Spelz
rüstet sich fruchtvoll im Grund
Gehölze ziehen Säfte
Äste warten knospenbewohnt

Gras treibt verneutes Grün
Kontraste verdichten sich
im Humus modert Moos
lüftet seinen Teppich im Waldgebreit
es riecht nach Frühling

ଔ

Ausschlag

Ach Süße
lock dich ins Geblüm
matten Augs
müd vom Trüb
lichthungriges Wurzelwerk

nach allen Seiten
ausschlagen
bodenständig übersät
knospende Keimzellen

Frühlingshoffnung

Warten
warten auf winziges Weiß
der Kirschbaumknospen
warten auf kalter Gartenbank

Wiesen still im Moos
doch Hornveilchen blau
büscheln einander

Meisen im Anflug
Schwarzkehlchen haspeln
im Baumhaus unbewohnt

Azur lichtert in allem
und Sonnenfunken
bald wird es duften

ich warte
warte auf kalter Gartenbank

Die Knolle

Der März, römischer Kriegs- und Wettergott, auch er will es aufblühen sehen. Die Felder trocknet er jedenfalls. Wie sangen die Kinder noch: „Im Märzen der Bauer den Wagen anspannt, er setzt seine Felder und Wiesen in Stand." Nachdem das Sommergetreide schon ausgesät wurde, knattern die Traktoren wieder. Die Felder werden für die Aussaat der Kartoffeln und Futterrüben vorbereitet. 1550 von den Spaniern irrtümlich als Trüffel nach Europa gebracht, sorgte der Kartoffelbefehl von Preußenkönig Friedrich II., dem „Alten Fritz", vom 24. März 1756 dafür, dass alle preußischen Beamten den Untertanen den Kartoffelanbau „begreiflich" machen sollten. Dazu ließ er die ersten Kartoffelfelder von Soldaten bewachen mit der Folge, dass die Bauern die Kartoffeln hinter dem Rücken der Soldaten mitnahmen, sie kochten und sich von der Bekömmlichkeit der bis dahin fremden Knolle überzeugen konnten. Die Knolle galt lange als Heilpflanze und Zaubermittel. Denn das Nachtschattengewächs „Solanum Tuberosum" ist in ihren Samen und oberirdischen Teilen giftig. Es enthält Solanin. Nur die unterirdischen Knollen sind essbar. Der Volksmund sagt: „Die dümmsten Bauern haben die dicksten Kartoffeln". Es heißt aber auch: „Lorbeer macht nicht satt, besser, wer Kartoffeln hat".

Bauernregel
„Das beste Wappen in der Welt ist der Pflug im Ackerfeld".
Steigt der Saft in die Bäume, erwachen die Frühlingsträume.
Maulwurfshaufen im März zerstreut, lohnt sich wohl die Erntezeit.
Setzt du die Kartoffel im April, so kommt sie wann sie will. Setzt du sie im Mai, so kommt sie glei'.

Zitat:
Wollte man die Herrlichkeit des Frühlings und seiner Blüten nach dem wenigen Obst berechnen, das zuletzt noch von den Bäumen genommen wird, so würde man eine sehr unvollkommene Vorstellung jener lieblichen Jahreszeit haben. Johann Wolfgang von Goethe 1749-1832

Das Säen des Bauern

Erde werde lebe strebe
   webe gebe werde Erde
      Keime leime schwinde Rinde
         binde Winde Keime leime

lass alles in dir tief ruhn
die Saat wird sich zum Licht hin auftun

vollzieht Schöpfung sich im Korn
der Sprössling ein Lebenssporn

treibe leibe kläre nähre
   gäre jähre treibe leibe
      handle wandle hege pflege
         lege Wege wandle handle

Natur erlöst was erstirbt
die Frucht erwächst in dir dich umwirbt

säe mähe reiße spleiße
   siebe wiege Hände wende
      säe mähe

Gedicht zu "Ciclo Brasileiro" von Heitor Villa-Lobos

Märzwinter

Sag nicht es gäbe heuer keinen Frühling
manches Jahr hat sich schon Zeit gelassen

verlieb dich in die Kälte
damit dir warm ums Herz wird
und alles blau erscheint

lass den März dich nicht anwintern
blühe in dir sonne das Licht
und helle den Mond

Tag und Nacht werden sich gleichen
wie ein Jahr dem anderen

ଓ

Rabenfang

Ein Dutzend Raben aus Schwaben
wollte an Würmern sich laben
sie flogen aufs frisch gepflügte Feld
denn der Bauer hatte den Acker bestellt
die Sämereien genetzt und gedüngt
Setzlinge versetzt die Aussaat verjüngt

als alle Würmer verschlungen
wurd' um das Saatgut gerungen
die Sieger solange pickten
bis sie erstickten

Rinden wundgeschuppt
Nistplätze mit Herzklopfen
Strohlager im Spalt
Nachtigallenchor triolt
mir ins Ohr ein Frühlingslied

Aufbricht Borkenkrepp
schattengeschwächter Zweige
␣spähe ins Knirschen
hält mir das Asthaus die Tür
auf Frühlingszimmer glühen

Die Fuhre des Lichts
kippt aus den Wolken Blüten
Gartenreisig knistert
Libellen tanzen im Gelock
Auftakt der Blütenbälle

Im lichten Vorschein
Sonnenhaars Rauschgold blättert
Zweig um Blüte schwingt
farbknospender Duftpegel
Blütengespinst windzerstreut

März

Frostperlen
wenn uns das Märzherz schlägt
silberseidener Auftakt frühmorgens
　Sonne nimmt Platz ordnet Strahlen
　verschüttet Lichtschuppen

Sternenimitation für den großen Wagen
der mit der Entfaltung der Blätter
uns das Frühlingsgespann schirrt
　wenn gefrorene Feuchte ins Grün tropft
　blüht uns allergisch das Keimen

leicht strauchelt der Mondkreis
zieht sein weißes Schild zurück
Vogelstimmen unterm Heckengestrüpp
　tuscheln über die Besetzung
　leerer Krähennester

im Pollenflug verfangen sich Kätzchenhaare
niesen werden wir unter Forsythien
　während wir Bänke aufstellen und schnurren
　wenn der Wind Wärme aufweht

\\/ \\/ \\/ \\/

Frühlingsgefühle

Der Erstfrühling hält Einzug, wenn die Forsythien blühen, das Goldlöckchen, das seinem Namen alle Ehre macht. Denn es lockt nun die Bienen ins Freie. Wenn die Knospen der Stachelbeeren und Johannisbeeren aufbrechen, beginnt die Obstblüte. Kirschbäume, Schlehen- und Pflaumenbaum blühen ebenso wie Pfirsichgehölze. Endlich lässt der Frühling sein "blaues Band" durch die Lüfte flattern. Und das ist erst der Anfang. Rosskastanie und Birken entfalten das Laub, es folgen Rotbuchen, Linde und Ahorn. Hyazinthen, Narzissen, Osterglocken und Tulpen duften. Die Wiesen sind voll von Veilchen und Himmelschlüsselchen, auf den Feldern blüht der Raps und verströmt süßen Honigduft. Jetzt streckt der Löwenzahn sein gelbes Sonnenköpfchen ins Licht, bis es sich in eine Pusteblume verwandelt. 2014 endete die Löwenzahnblüte im Saarland am 14. März.

Das Sonnenlicht scheint nun länger und intensiver. Wir brauchen weniger Schlaf und fühlen uns berauscht, aufgeregt, voller Erwartung. Frühlingsgefühle werden wach. Dies alles bewirkt die Sonnenbestrahlung, sie stabilisiert die Hormonausschüttung von Dopamin, Serotonin und Endorphin. Der natürliche Rauschzustand führt zu vermehrter Fruchtbarkeit bei allen Kreaturen. Das Liebesspiel des Lebens beginnt. Kaum sind Bachstelzen, der Hausrotschwanz, Zilzalp, Ringeltauben und Rauchschwalbe zurückgekehrt, beginnt das Werben, Balzen, Plustern und Tanzen. Der Weißstorch und die Kraniche suchen ihre Brutgebiete auf. Die Frosch- und Krötenwanderung löst auf den Straßen manchen Verkehrsstau aus. Hasen springen durch die Felder und prügeln sich.

Bauernregeln
Gibt's im Frühjahr viel Frösche, so geraten die Erbsen.
Im Frühjahr Spinnweben auf dem Feld gibt einen schwülen Sommer.
Wenn die Schwalben das Wasser im Fluge berühren, so ist der Regen zu spüren

Zitat

„Es gibt Quellen der Freude, die nie versiegen: die Schönheit der Natur, der Tiere, der Menschen, die nie aufhört." Leo Nikolajewitsch Graf Tolstoi, 1828-1910, russischer Erzähler

Lichtspiele

Dann hebt das Nadelwerk
grüngoldenen Glanz:
die Morgenmajestät
ummantelt von Blau
gebietet dem Vogelvolk
Platz zu nehmen
für die Lichtspiele
des Sonnentheaters

in der ersten Reihe:
　　Lerchen
　　Nachtigallen
　　Rauchschwalben

Erster Frühling

Ein junges Grün beendet Sterbens Trauer.
Das Graue wankt, es muss den Farben weichen.
Die Knospe sprießt, will Tageslicht erreichen
und hofft bald sehr auf einen Regenschauer.

In Wald und Flur liegt Leben auf der Lauer.
Ein Frosch sich wagt, bald wandert zu den Teichen
die Heeresschar, um endlich abzulaichen.
Die Sonnenhand erlöst von Schattens Dauer.

Die neue Zeit wächst auch in unsren Köpfen,
der frische Wind weht altes Zagen fort,
mit neuer Kraft das neue Werden schöpfen.

Und über Nacht gerät die Welt zum Garten.
Ein Wunder ist's, es dringt in jeden Ort,
selbst Amors Pfeil kann nicht mehr länger warten.

Im Reichtum der Welt

verirren sich viele.
Die Vielfalt der Natur
verwirrt sie nur.

Die Fülle des Samens
braucht nährenden Boden
ohne seine Geborgenheit
wächst kein Korn

ങ

Contenance

Auf einer Weide Rasen
blinzelten Kälber beim Grasen
inmitten der Mutterkühe.

Die hatten alle Mühe,
dass ihre Neffen und Basen
beim Jagen der prügelnden Hasen
in aller Herrgottsfrühe
die Etikett nicht vergaßen.

ങ

Eine Kuh macht Muh.
Viele Kühe machen Mühe

ങ

Wenn Hasen über Felder rasen,
füllt der Frühling bald die Vasen.

Vogelwäsche

Libellen schwirren
über dem Schilfrohr
stillvergnügt
im milden Wind

in den Knospen
zartbesaitet
verbirgt sich der Schmuck
der Wasserpflanzen

das Sonnengesicht
spiegelt sich im Flusslauf
wirft seine Schatten
über Weiden
die ihre Äste hängen lassen

Kiesel sammeln sich
an den Fangseilen
türmen sich auf
zu Sprungschanzen
für mitschwimmende Blätter

ein Vogel landet
auf dem Steinturm
wäscht seinen Fang
im Köllerbach

Der Köllerbach I

Der eingewickelte Himmel
hält Frühlingslieder fest
ich sehe die Fermate
wie sie dunstig
sich ausdehnt
hin zum Horizont

unter dem Brückengeländer
fließt der Köllerbach
kräuselt hüpft und springt
die unausgesprochenen Sätze
der Wolken überhörend

mir hallt das Gurgeln nach
der lautlose Rauch
in dem Undine
Binsenhaare kämmt

beleuchtet von einzelnen Strahlen
welche die Sonne
durch den Nebel bohrt

im Wasserbrand
lösen sich Fische
und schwimmen davon
  nach Morgenluft schnappend

Der Köllerbach II

Eis taut auf
klares Wasser sprudelt
im Köllerbach

unter der Dorfbrücke
hallt versunken
das Tropfen schmelzender Zapfen

Kolben brechen auf
wolliges Weiß
ringt mit dem Schnee
um Farbe

in den Wurzelstöcken
wiegt die Strömung
den Laich der Fische

Kiesel rieseln
verfangen sich im Schilfrohr

Der Köllerbach III

Auf der Wasserhaut
gleitet ein braunes Blatt
abgetrieben

die Höhe der Bäume
bilden den trigonometrischen Punkt

die Sonnenkugel beschreibt
einen sphärischen Winkel
im gedachten Himmel
der seine Sätze
uns vor die Füße legt

sie gleichen die Jahreszeit aus
mit Minus und Plus

wenn am Frühlingspunkt
der Köllerbach sich auflädt
strahlt seine Wärme ab
auf Wasserpflanzen
Uferstauden
Sumpfdotterblumen

im Windsegel
treibt gelber Blütenstaub
der sich den über Auen verstreut

Überall liegt Staub
Spinnen schütteln die Netze
Blütenpollenflug

Zitronenfalter
flattern kreisen fliegen leicht
im verschwitzten Wind

In Kiefern rascheln
Zapfen samtgrüne Nadeln
Eichhörnchen knabbern

Weide schäumt besonnt
Blütenstaub über Auen
Gräser erzittern

Schnecken im Frühlicht
Böden glitzern und schimmern
Ameisen hüpfen

Rooda Mòjen

Haut Mòjen is da Himmel volla Sprenkel,
moll blau, moll rot, it is än wahre Pracht,
als ob än Owen, frisch geschiat de Schacht,
de faawig Glut vaschitt, gehall de Henkel

vom Dippen iwa Kopp. In de Senkel
hat ihn de Sunn gestellt, se kunnt de Schmacht
da easchten Strahlen nit vaschicken, gekracht
hat it schunn frej, da Wind macht kään Geplänkel.

It gift doch hell un waam no all dem Newwel
dea letschten Daa, ma kònn jetzt widda liften,
un alta Mief get aus de Heisa stiften.

Monch äna hält de Kält als fo än Hewwel,
dea um sich schlaat, ea bringt de Leit zum ziddan.
De Bloumen all mett ihrem Douft dagejen widdan.

Wer entzündet das Grün

Blütenstaub haucht Duft
ins Tal sonnenbeherzt fliegt
eine Schwalbe heim

Frühlingsmuster

Wer fädelt die Namen der Blätter in die Zweige
wer entzündet das Grün

es ist die lichte Nahrung der Sonne
die ihr Blendwerk auf den Tag einstellt

wo sie hinabstrahlt fließen Fruchtstände über
beginnt der Frühling mit seiner Musterung

Blumen ins Graskleid gestickt

Lichtschrift

Lichtpatrouille
kryptische Schrift
des Frühlings

auf der Tafel der Gärten:
Sonnenstiche
Kreidezeichen
Blütenglyphen

Entsendung

Ein lichter Gesell ist der Frühling
erlaubt ist nicht flüchten noch schummeln
im Sonnenhof Käfer sich mummeln
im Erdengeflecht dort ist's kühl ring

hinaus dich ins weite Feld wühl schwing
dich nach oben wo Bienen sich tummeln
im ersten Geleucht wo das Bummeln
der Nachtigall Mondlicht früh fing

ihr himmlischer Ton meinen Ohren
Sehnsucht und Lust heraufbeschworen
des Lebens erneute Entsendung

ach Herz ach wie glückt dir das Lieben
das winters dir kalt ausgetrieben
des Jahres begonnene Wendung

☙

Morgendämmerung

Krächzt die Elster
verblassen die Schatten
Amseln hüpfen in der Dämmerung
auf der Spur der Regenwürmer
durchs taubedeckte Halmland

auf dem Dachfirst krakeelen Raben
putzen ihr schwarzes Gefieder
für den Balztanz des Frühjahrs

Feiertage im März

Neun Monate vor Weihnachten erscheint der Engel Gabriel Maria und verkündet ihr, dass sie einen Sohn gebären wird. Am 25. März wird das Hochfest Mariä Verkündigung gefeiert. Wenn der 25. März in die Karwoche fällt, wird das Fest am Montag nach dem Weißen Sonntag nachgeholt. Der Gedenktag wird von der katholischen, evangelischen und anglikanischen Kirche gefeiert. Die christlich-orthodoxe Kirche feiert dies am 7. April. Es gehört zu den zwölf Hauptfesten. Am 8. April wird das Mitfest des Erzengels Gabriel begangen. Im russischen Brauchtum wurde an diesem Tag nicht gearbeitet. Vögel wurden freigelassen, es gab Vogelmärkte, um einen Vogel zu kaufen und ihn wieder freizulassen, denn es hieß, dass an Maria Verkündigung kein Vogel ein Nest baut und kein Mädchen einen Zopf flicht.

Am 8. März ist Internationaler Frauentag. Clara Zetkin schlug auf der Zweiten internationalen sozialistischen Frauenkonferenz am 27.08.1910 vor, im Kampf um das Frauenwahlrecht und die Gleichberechtigung einen internationalen Frauentag auszurufen. 1921 wurde auf der Zweiten Internationalen Konferenz kommunistischer Frauen in Moskau der internationale Frauentag auf dem 8. März festgelegt. 1997 erklärten die Vereinten Nationen den 8. März als Tag für die Rechte der Frau und den Weltfrieden.

Bauernregel
Wenn Maria sich verkündet, Storch und Schwalbe heimwärts findet.
Gibt's im März zu viel Regen, bringt die Ernte wenig Segen.

Zitat
"Denn eine Schwalbe macht noch keinen Frühling und auch keinen Tag; ebenso macht auch ein einziger Tag oder eine kurze Zeit niemanden gesegnet oder glücklich." Aristoteles, Nikomachische Ethik
"Fürchte Dich nicht vor dem Langsamgehen, aber hüte Dich vor dem Stehenbleiben." Chin. Weisheit

Veilchenblüte

Duftwogen durchfluten die Straßen
des Dorfes an der Bushaltestelle
trafen sich Frauen warten auf andere Geschöpfe
bis die Zeit abgelaufen ist die Räder rollen

kaum ist der Morgen eröffnet
strömen Abgase blauen Bändern entgegen
poltert die Müllabfuhr in die Stille

dem Geruchsstreit entfliehen
die Wiesen Gänseblümchenidylle
allen Frühlings mich trifft der Veilchenduft
unvorbereitet deine Wettervorhersage
vergaß die Jahreszeit

Sonnenstrahlen durchkämmen
mein Haar die lang gehegte
Traurigkeit des Winters zieht sich zurück
wie die Himmelshöhe
großflächig weitschweifig wölkchenweiß

mir Raumgast Sterne zu erahnen
vor dem Aufprall der lila Duftblasen
die mir der Wind unter die Nase reibt

߭

Frühlingsschlüssel

Bevor der Holunder blüht schäumt
der Kirschbaum Löwenzahn reckt sich
im verdichteten Grün ein Schlüsselblümchen
das vergangenes Jahr sich hinters Haus verlor
schließt das Frühlingszimmer auf
Akeleien nicken ihm zu mit Körbchen rosarot
blicken ins Graswerk auf die Käfer
die im Sonnenaufgang sich aus Erdhöhlen lösen

Frühlingsgewitter

Im Lichtlüster
aufbrechender Knospen
Blütengeflüster

Regen stürmt
in den Höhen
Wolkenschober
verfinstern den Blick

ehe es aufhellt
spannt ein Farbreif
eine Himmelsbrücke
in die Dunkelstatt

Frühlingssturm

Der Sturm kam über den säuselnden Frühling
nicht aufschwellend wie aufgehende Knospenhörnchen
er kam peitschend über aufjüngende Wiesen
riss verstörend an den Körbchen
der Gänseblümchen
die sich eben noch das Aufblühen wagten
reinigte starres Geäst
von Losem und Halbstarkem
und schnitt seine Böen sausend und brausend
durch alles was sich ihm entgegenstellte

die zurück gelassenen Nester in den Kronen
schwankten hin und her
füllten sich mit Hagelkörnern
die wenig später wie Eisflocken zu Boden tropften
und Sonnenfunken in allen Farben blitzen ließ

unter dem Giebelkreuz rieben Krähen
ihre Leiber aneinander
schlugen mit ihren Schwingen
die Wetterkapriolen in den Wind
um den liebestollen Gesichtern
das Balzen zu entringen

auch dieses Jahr kehrten die Elstern
zurück in die Nester
im Tirili der Vogelstimmen
krakeelen sie und rauen

Monduntergang

Der gebirgige Mond wirft seine Umrisse
über die Grate der Dächer
wandert durch die Straßen des Morgens
im hellenden Blau des sternverblassten Horizonts

kühl fegt der Windbläser über Straßen
wirbelt den Staub vergangener Tage auf
Nachtlaternen werfen Schatten
auf die knospenden Gärten

Frühaufsteher sehen auf die Uhr
gefangen im alltäglichen Zeittakt
stehen vor Ampeln und warten
auf den grünen Startschuss

der Tag beginnt
mit Fußtritten und Motorengedröhn
ein heimatloser Hund bellt vereinsamt
schnüffelt mit feuchter Schnauze
den Gerüchen des Lebens hinterher
angetrieben von der Hoffnung
doch noch fündig zu werden

Ladinische Aussichten

Corvara ist eine Gemeinde mit fünfzehntausend Touristenbetten, drei Lebensmittelläden, drei Sportgeschäften, zwei Boutiquen, mehreren Geschäften mit Artikeln des Kunsthandwerks, kurzum eine Gemeinde, die alles hat, was man zum Leben benötigt, die jedoch ohne den Schnickschnack unserer Konsumgesellschaft auskommt.

Vom einfachen Leben spricht die Touristikbranche, das selbst schon zur Kunst geworden sei. Und je länger man sich hier aufhält, desto deutlicher wird diese Distanz. Die Alpwirtschaft wird nur noch von wenigen Bauern betrieben. Manche Berghöfe sind bereits zerfallen, verwitterte Bretterverschläge und Fensterläden hängen an zerborstenen Scharnieren von den Wänden herab, der Mörtel des Mauerwerks aus aufgehäuften Kalksteinen zerbröckelt.

Die Menschen unterhalten sich mal in deutscher, mal in italienischer Sprache. Mit Touristen redet man deutsch, als sei dies die Muttersprache. Da mich dies verwundert, spreche ich im größten Supermarkt des Ortes die Verkäuferin an. Eine ältere Dame, die mit einer Jüngeren hinter der Theke steht, gibt sich als Frau Kostner zu erkennen, als Angehörige der Inhaberfamilie, einem Traditionshaus, dessen Spross es zu sportlichem Ruhm gebracht hat. Klar, dass den Namen Kostner hier jeder kennt und würdigt. Und so erfahre ich, dass Deutsch immer noch in der Grundschule neben Französisch alternativ angeboten wird. Das obere Südtirol mit Grödner Tal, Alta Badia und Fassatal wäre daher noch deutschsprachig.

Bei Ladenschluss verhält man sich eher städtisch. Wenn die Kasse geschlossen ist, wird nichts mehr verkauft. Sie schließt sehr pünktlich. Was anfänglich wie leise Arroganz anmutet, entwirrt sich bei genauerem Hinsehen als Feierabenderwartung.

Egal was man sagt, sie verstehen die Worte und an den Gesten erkennt man die kaufmännische Erfahrung, das Businessgepräge moderner Zivilisationen. Romantik kommt da nicht auf, eher ein Gefühl von Geschäftstüchtigkeit.

Die ladinische Volkskunst ist hier nur an den Holzschnitzereien auszumachen. Corvara ist längst kein Bergbauerndorf mehr, das Skifahrer als Quelle für Zusatzeinnahmen duldet. Hier wird Sport und Erholung verkauft und zwar das ganze Jahr über. Corvara hat zwei Kirchen. Eine Glocke gibt den Stundenschlag vor. Von der Karwoche spürt man nicht viel. Religiosität ist eher säkular erfahrbar. Der Sonntag und die Sonntagsruhe werden jedoch gehalten. Es gibt auch regelmäßige Angebote zur Ehevorbereitung und christliche Seminare. Die Ostervorbereitung ist ausgehängt. Jesus mit der Dornenkrone in deutscher und italienischer Sprache. Der Papst betet für den Frieden, für ein Ende des Terrors und der Gewalt.

Am Märzende lockt das Gesträuch mit samtenen Weidekätzchen, Blatt- und Blütenknospen, keine blühenden Forsythien, keine Osterglocken oder Narzissen. Die Temperaturen steigen mittags auf fast sechs Grad an. In der Sonne spürt man die Kraft zur Wärme und Erhitzung. Sonnencreme ist notwendig hier oben, mehr als fünfzehnhundert Meter über dem Meeresspiegel. Seit Montag ist Kaiserwetter.

Der Ort ist schnell abzugehen und so setze ich mich in der Mittagszeit auf die Terrasse des Hotelzimmers und genieße die Sonnenstrahlen, lade mich wieder mit der Wärmeenergie auf. An den Bergauffahrten ist lediglich ein Imbissstand vorhanden, obwohl dort eine Gondelbahn, mehrere Sessellifte und Schlepperlifte zu den Gipfeln führen. Auch beim Gondelausstieg ist keine Berghütte zu finden, was mich dann doch verwundert. Kein ladinisches Mallorca, kein Ischgler Après Ski, Einfachheit ist hier Programm.

Von den Höhen der am Sassongher angelehnten strada sassongher sieht man auf Corvara herab. Von hier oben aus gleichen die Sessellifte einem Vogelzug. Die Autos kriechen wie Ameisen die Serpentinen hinauf und hinab. Alles fügt sich zu einem selbstverständlichen Ganzen, ohne Aufgeregtheit, ohne Besonderheit, aber auch ohne idyllische Verklärung. Mag sein, dass dies am wegtauenden Schnee liegt, der Skifahrer dazu nötigt, die Bretter stellenweise abzuschnallen, um nach fünf Metern wieder weiterfahren zu können.

Aus den geöffneten Fenstern dringt das Programm des österreichischen Rundfunks und begleitet den südtiroler Vormittag mit bekannten Klängen der Popmusik. Auch in diesem Viertel

stehen die Uhren auf Gegenwart. Corvara ist keine Reise in die Vergangenheit, es ist eine Begegnung mit westeuropäischen Zeittakten, zivil, menschenfreundlich, gottesfürchtig und geschäftstüchtig. Skifahrer kehren häufiger zurück, denn das Angebot an Abfahrten der unterschiedlichsten Schwierigkeitsgrade ist sehr groß. Die vielfältigen Berglandschaften erinnern an die Kulissen großer Kinofilme. Vielleicht ist dies ein Grund dafür, dass man den Rummel und den üblichen Skizirkus nicht nötig hat. Die Geographie spricht für sich.
Diese Umgebung ist es auch, die mich draußen verweilen lässt. Ein derartiges Panorama aus Gebirgsketten, Steilhängen, zerklüfteten Felsen und wuchtigen Gipfeln ist eine Seltenheit. Das Endirosa der Sellarondaspitzen bleibt als Etikett einer Bergregion zurück, einer Zuflucht, die es verstanden hat, die Spielregeln der Freizeitindustrie anzuwenden, ohne die Natürlichkeit zu zerstören. Möglicherweise ist dies das Merkmal ladinischer Lebenskunst.

27.03.2002

Lichtmaß

Tauben begurren
die Kalligraphie der Gehölze
Beschreibungen der Äste
in den Rodungen des Lichts
das die Schablone des Knospens
über die schwarzen Zweige legt

kaum lösen sich die Schattenrisse auf
summen Hummeln im Blühstoff
entflammen in Wiesen
hauchzarte Töne

Gänseblümchen strecken sich
nach dem Lichtmaß
aus dem der Frühling
seine Farben schöpft

Ich möchte diesen Tag ohne Irrungen

beginnen, der Morgen setzt sein Lächeln auf
und glänzt durchs Fenster.
Die Saarbahn fährt wie jeden Tag,
festgeschraubt, unausweichlich.

Mein Gegenüber spricht mit Nachbarn,
keinen interessiert, was sie sagt,
ihre Worte dienen dem Zeitvertreib.

Ich sehe auf dem Ziffernblatt,
wie die Zeit davon läuft,
eile in Gedanken hinterher, froh,
dass ich aussteigen kann.
Während der Morgen kläfft
und mir die Minuten streitig macht,
fahren andere weiter.

Und ich in meiner Siegerlaune
gehe die drei letzten Meter zu Fuß.
Die Düfte der Frühjahrsblüher sind süß.

ଔ

Unkenrufe

Du ew'ges Sonnenlied, du bist der Bote
des Frühlings, rietst mir, dem Vogelgruß zu lauschen,
wenn er sich ereignet im grünen Knospenfuß.
Wenn Schwalben, zurückgekehrt, die Nester tauschen,
spendet unverlangt die Weide süße Honigbrote
für Hummeln, die aus der dunklen Erde rauschen.

Vor blauem Hintergrund aufgetakelte Wolkenboote
vor mir segeln, vertreiben heißblütig den Winterblues.
Wenn sich die ersten Blütenblätter bauschen,
erkennst du, die Welt gebiert sich selbst aufs neu

mit Drosselpsalmen, Pollenbuß,
mit zartem Weiß, oh Haselnus,
es schwirrt verwirrt, es flirrt und zirpt,
färbt alle Unken trunken.

Schneckenputsch

Federflaum fliegt leis
Grashüpfer springen im Kreis
ein Regenwurm flieht

Kalenderblatt April

Ein besonderer Monat ist der April, sein Name bedeutet öffnen und dies tut er ohne Unterlass. Er öffnet sich dem Schabernack. Wer ist nicht schon in den April gelaufen. Den ganzen Tag über erreichen uns seltsame Nachrichten. Ob da nun etwas dran ist oder nicht, es beschäftigt ganze Redaktionen.
Der April öffnet sich auch der Unbeständigkeit. Wetterwechsel sind an der Tagesordnung. Ob Regen, Hagel, Sturm oder Frost und Schnee, sie begleiten uns bis in den Mai. Doch das Aufblühen des Frühlings macht nicht halt. Birke, Erle, Hain- und Rotbuche verstreuen Blütenstaubpollen.
Der Monat April endet, wie er begonnen hat. Wenn am Morgen nach der Walpurgisnacht nicht mehr alles auf seinem Platz steht, waren Hexen am Werk. In der Nacht zum Mai ziehen der Legende nach die Hexen zum Blocksberg und reiten auf einem Besen durch die Lüfte.

Bauernregeln
Aprilwetter und Kartenglück, wechseln jeden Augenblick.
Auf ihren Besen mit bösem Sinn reiten die Hexen zum Blocksberg hin.
Sturm und Wind in der Walpurgisnacht, hat Scheune und Keller vollgemacht.

Zitat
Es gibt eine schöne Offenheit, die sich öffnet wie eine Blume: nur um zu duften. Friedrich Schlegel 1772-1829, deutscher Philosoph, Dichter
Der April ist der rechte und gesegnete Monat des Gärtners. Die Verliebten sollen uns ungeschoren lassen mit ihrem vielgepriesenen Mai; im Mai blühen die Bäume und Blumen nur, aber im April schlagen sie aus; glaubt mir, dieses Keimen und Ausschlagen, diese Knospen, Knösplein und Keimlinge sind die größten Wunder der Natur.
Karel Čapek (1890 - 1938), tschechischer Schriftsteller

April

Wer sagt dass ein Frühling nur blühen kann
kein anderer als der April widerlegt dies
  Schloßen wirft er donnert Blitze aufs Land
mit unbekanntem Ausgang

Regenreichtümer wirft er weg
wie Feldhasen die Fruchtbarkeit
  hütet Blüten und Brüten
hinter vorgehaltener Wetterfront

in der Walpurgisnacht
tanzt er auf Dächern fliegt mit dem Wind
um die Wette hinauf zum Brocken
  befeuert die Hexenfahrt
mit diabolischem Nachtwerk

um dem Mai die Süße zu rauben

April, April

Olgas liebste Katze
fetzte die Matratze
biss sich durch die Kissen
bis sie ganz zerrissen
blies hinaus die Federn
landeten auf Zedern

alle Zapfen standen stramm
Neuschnee machte Äste klamm
Wind fegte die Federn still
vom Baum und rief: April April

Die kleine Raupe Rullerbunt

Die kleine Raupe Rullerbunt
machte einen Schnullermund
schlug durch die Wiese eine Bahn
beknabberte den Löwenzahn
der fuhr die gelben Zähne aus
und warf die Raupe wieder raus

Wetterwechsel

Sieh nur wie der Feldweg
sich durch die Rapsblüte zwängt
süß wallt Duft vom Hügel
hinüber auf den Straßenbügel
der ins Schloss der Häuser klappt

kein Entkommen ist hier
wo die Vogelhütte den Weg markiert
der Wanderer ohne Zeigestock
sonntäglich durchmarschiert

bis ein Luftzug offene Türen schnappt
Wolken zusammen drängt
der Wasserstand überschwappt

Regen schirrt seine Zügel
der alle Entfernung kappt

Auf Wolken
schweben ist himmlisch.
Doch wohin fällst du,
wenn es geregnet hat?

Deutsch-Französischer Garten

Unter der Schattenspur
schirmbedachter bunter Gondeln
treffen die Lanzetten der Sonne
pfeilgenau auf winterhelle Wangen

Zur Windmelodie
tanzen Wasserfontänen
schwingen Osterglocken
ihre gelben Kelche

Vom Seeweg führen
Steinstufen hinauf
zu verwachsenen Pfaden
gaukeln der Sonnenfantasie
Tatorte vor

Um ein Uhr mittags
stehen die Zeiger
auf Licht

*

Funkspruch

Liebes Wetter,
lass den April ein Frühling sein
kein Schloßenschießer
kein Windbläser

auch er will nur durch den Monat
kommen um am Ende
auf dem Besen davon zu reiten

Häschen in der Grube

Eine Häsin aus Saarbrücken
wollte ihre Stube schmücken.
Sie zog hinaus in Feld und Wald,
scharrte und suchte in jedem Spalt.

Zurück in ihrer guten Stube
schaffte sie alles in die Grube.
Sie räumte und putzte und leckte,
kein Außengeräusch sie schreckte.

Schließlich stolzierte hinaus die Gute.
Ihr war so überglücklich zu Mute.
Da lauerte lang schon ein Fuchs.
Die Häsin gab gar keinen Mucks.

\\// \\// \\//

Frühlingsgesang

Im Morgenrot knistern Lichtgespinste
mit zartem Geschmus erwachen
Wildkätzchen die Ostersträuche
Frösche springen
mit keckem Gesang in den Teich
Kelche öffnen Adonisröschen
Zikaden trommeln im Gras

Sieh nur
es ist alles bedacht

Stolperfalle

Die flachen Wurzeln der Kiefern
krallen sich in den Boden
stemmen Grund und Asphalt auf
ausschlagende ausbreitende Ankerpfosten

krummhackig
knorrig
rundbögig
bodenständig

und doch stolpern wir
über so viel sichtbaren Urwuchs
auf unseren Wanderungen
nach Anderswo

\\|/ \\|/ \\|/

Das Wandern der Tage
treibt die Zeit voran
Wenn deine Stiefel
Löcher tragen
beginnt das Zerreißen

Frühlingsfeste

Wo Frühlingsfeste zugleich den Jahresbeginn einläuten, entstehen berauschende Blumenfeste mit Umzugswägen, prachtvollen Paraden. In England feiert man die Kew Garden Show, in Frankreich das Fête du Citron in Menton, in Spanien das Blumenfest in Cordoba. Seit 1929 feiert die mittelfränkische Stadt Röthenbach a. d. Pegnitz alljährlich das Fest der 500.000 Dahlien mit farbenprächtigen blütengeschmückten Prachtwägen, Marschgruppen und Blaskapellen.
Die Dichternarzisse, die weiße Narzisse poeticus, erblüht im Salzkammergut auf mehreren Quadratkilometern. Sie ist der Mittelpunkt des größten österreichischen Blumenfestes. Die Narzissenkönigin mit ihren zwei Prinzessinnen repräsentieren das Narzissenfest das ganze Jahr über. Sie tragen das Ausseer Dirndl mit Narzissenkrone. Boote, Flöße und schwimmende Figuren mit tausenden Narzissenblüten geschmückt, gleiten beim Bootskorso über den Grundlsee. In Bad Aussee findet ein Stadtkorso, begleitet von Trachtengruppen und Musikkapellen.
Narzissenfeste gibt es auch in Deutschland. So feiert man seit 1989 im Oleftal in der Eifel die gelbe Narzisse. Sie verwandelt die Wiesen im Gebiet des Naturpark Nordeifel in gelbe Blütenteppiche. Es findet abwechselnd in der Gemeinde Monschau und in der Gemeinde Hellenthal statt.
Der schwimmende Garten des Atlantiks, die portugiesische Insel Madeira, feiert den Frühling ausgiebig mit vielen Umzügen.
Ganz Zypern versinkt jedes Jahr in einem Meer aus Farben und Düften, wenn in Lemesos, Larnaca, Lefkosia und Pafos zu Ehren des Gottes Dionysos mit Blumen-Umzügen die Wiedergeburt von Mensch und Natur gefeiert wird.

Bauernregeln
Ist der April schön und rein, wird der Mai umso wilder sein.
Der April die Blume macht, der Mai gibt ihr die Farbenpracht.

Kein Kräutlein in die Höhe sprießt, aus dem nicht eine Heilkraft fließt.

Zitat
„Und Gott sprach: Es lasse die Erde aufgehen Gras und Kraut, das Samen bringe, und fruchtbare Bäume auf Erden, die ein jeder nach seiner Art Früchte tragen, in denen ihr Same ist." Erstes Buch Mose, 1. Kap.
"Wer an einem Tag reich werden will, wird in einem Jahr gehängt werden." Leonardo da Vinci, Aforismi, novelle e profezie
„Der Herr, unser Gott, sei uns freundlich und fördere das Werk unserer Hände bei uns. Ja, das Werk unserer Hände wollest du fördern!" (Ps 90, 17

Lichtschlag

Lausche dem irren Schlag des Lichts
wenn es Gärten zum Leuchten zwingt
und Zeit verzehrt, die lustvoll
dem Grün der Gräser harrt
während im Schatten der Sträucher
das Weiß der Lilien wächst
das den Gärten Jungfräulichkeit verleiht
bis Hitze sie verbrennt

ihre Blütenasche flirrt an Zweigen
die ungebrochen ihre Pflicht erfüllen

Ehrenfriedhof

Die zurückgekehrten Singvögel
formieren sich

Wenn sie mit spitzen Schnäbeln
auf die Seehaut trommeln
schlägt das Echo der Infanterie
gegen den Himmel
über dem Ehrenfriedhof

Soldaten und Leutnants
verschiedener Regimenter
sterben noch einmal

Sie liegen unter verwittertem Stein
mit eingemeißelten Gravuren:
der Deutsch-Französische Krieg
am Spicherer Berg
im Deutsch-Französischen Garten

An manchen Tagen fällt der Korpsgeist
direkt aus den Wolken

Laufzeit

Feuer fangen die Scherenschnitte der Stämme
verbrennen im Schoss der Lichtkralle
ich wandere auf dem Kohlepapier der Dämmerung
auf grünen Strichen im Umland

Tritte des Aufbruchs rucken an meinen Fährten
unbemerkt wächst der Umriss sichtbarer Dörfer
sie streifen die Nacht ab wie Läufer den Schweiß
wenn sie unter die Räder der Bewegung gelangen

an der Staumauer ist die Vorfahrt eingezeichnet
der schräge Abriss des Damms sticht ins Wasser
Enten rutschen auf glattem Beton in den Seegang

Asphalt geschmolzener Stahlknochen
grinst grau in den wägbaren Himmel:
Muskelspiele für die Ablösung der Laufzeit

Bostalsee, Bosen

\\// \\// \\//

Rauch am Himmel
schwärzt die Wolken.
Erst das Gewitter
macht die Sicht wieder klar.

Ballade vom wahren Schneckenputsch

Zwischen Buchsbaum, Schilf und Hecken,
zwischen Thymian und Farn,
spinnt ein silbrig schimmernd' Garn
eines ganzen Rudels Schnecken.

Kommt ein Laubfrosch angesprungen
auf Maßliebchens Blütenblatt,
Baldurs Auge blinzelt matt,
ist zum Ahorn vorgedrungen.

Liegt ein Rotfuchs auf der Lauer,
hält am Morgen schon die Wacht,
hat in manchen Gärten Pacht
unter Löchern einer Mauer.

Sieht den Laubfrosch munter wandern,
denkt sich, welch ein kleines Mahl.
Frosch erquickt der Sonnenstrahl,
flatscht von einem Platz zum andern.

Schleicht der Rotfuchs in der Hocke
sich zur Beute nah heran,
bis er sich draufstürzen kann,
raschelt eine Rosenlocke.

Lurchtiers Auge späht zur Seite,
sieht den Rotfuchs auf dem Sprung,
vor ihm glänzt der Schneckendung,
sucht mit einem Satz das Weite.

Rotfuchs jagt mit einem Rutsch,
trifft die Schleimspur folgenschwer,
schlittert, schleudert hinterher.
Laubfrosch ist schon lange futsch.
Das ist wahrer Schneckenputsch!

Vulkaneifel

Entlang der Vulkanstraße
gipfeln raugefügt
Basaltdome im Brohltal
pyroplastischen Strömen entronnen

im Pflanzring der Wälder
kauern die Schlote erloschenen Feuers
einer längst verschlossenen Gluthölle

Schlacken versteinerten zu Tuff
an der Erdkruste beißen Dachse
sich die Zähne aus

vom Bergfried überwacht
stöbern am Rodder Maar Kiebitze
zwischen Graureihern und Teichhühnern

im Tiefflug jagt ein Schwarzmilan Ringelnattern
Haubentaucher verkriechen sich
versinken im See

Burg Olbrück ragt ins Wolkenweiß
auf dem Turm winkt Theoderichs Tochter
tapferen Rittern nach

ihre Knappen lagern auf der Zugbrücke
Burgherren wappnen sich
mit Schlüsselblümchen und Hornveilchen
vor dem großen Sturm der Gäste

Ostern

Lass mich atmen Herr
vor dem großen Wandelgang
Kraft schöpfen für dich

Von Osterhasen und Klapperstörchen

Zucker verdirbt nicht ohne Grund. Ob Kristallzucker, Rohrzucker, Kandiszucker oder Fruchtzucker, immer ist er süß und verzückt den Gaumen, so dass der Genießende mit der Zunge schnalzt und seine Augen den Ausdruck höchster Befriedigung erlangen, ja manch eine Pupille sich fast orgiastisch öffnet, strahlt und funkelt, als hätte der liebe Gott die hellste seiner Eingebungen verschickt.

Der Zucker, der sich in Salz verwandelte, war die Süße eines Nachmittags, vom Himmel ersonnen, um das Leben der Menschen auf dieser Erde etwas leichter zu gestalten. Dieser Zucker stand unschuldig auf einem der Tische eines Kaffeehauses, die auf Geheiß der Kaffeehauschefin von ihren Angestellten im Freien aufgestellt und hergerichtet worden waren für die Gäste, welche sie sich zahlreich erhoffte.

Denn nicht nur der Kalender hatte den Frühling ausgerufen. Auch der Wettergott hatte Erbarmen mit den von den Trübseligkeiten des Nebels und der Kälte geplagten Zeitgenossen. So war es auch die Sonne, die Alt und Jung an diesem Nachmittag ins Freie lockte und ihnen Spaziergänge abnötigte, um dem Himmel einen Gefallen zu erweisen.

Auch ich war unterwegs, stiefelte neben meiner Mutter und meinem Vater mit meinem jüngeren Bruder und der kleinen Greta, die vergnügt im Kinderwagen thronte, durch die noch nasse Wiese, da es erst am Vortag geregnet hatte. Vielleicht war das ja auch der Grund für das unverhoffte Wetterleuchten dieses Sonntags. Jedenfalls zog es mich immer zwei Meter weit weg von der Familienkolonne und irgendwann sagte Mutter: „Mariechen, jetzt komm endlich aus der nassen Wiese raus auf den Weg. Deine neuen Schuhe sind sonst ruiniert, bevor der Osterhase kommt und die Eier legt!"

Warum sie das nur sagte, wo sie doch genau wusste, dass ich sie letztes Jahr gesehen hatte, wie sie morgens noch flugs die angemalten Eier im Garten versteckte. So konnte ich nicht an mich halten und sagte: „Aber Mama,

Hasen legen doch gar keine Eier, aber du schon!" Etwas irritiert sah sie meinen Vater an, blickte dann streng zu mir und schimpfte: „Mariechen, so was sagt man nicht! Mütter legen keine Eier!"

Diesen Satz jedoch schnappte ein Junge der Familie auf, die uns gerade entgegen kam. „Du, Papa", zupfte er an der Jacke seines Vaters, „legst du denn auch Eier?" Der jedoch räusperte sich nur und meinte: „Nein, mein Junge."

„Aber wenn Ostern ist, verwandeln sich alle Eltern in Hasen und legen dann Eier in den Garten. Und wir Kinder müssen dann so tun, als wüssten wir nicht, von wem die vielen Eier herkommen!"

„Mariechen!", rief jetzt meine Mutter erbost, weil ihr mein Beharren auf meiner kindlichen Erkenntnis peinlich war, was ich damals jedoch nicht verstand. Ich zuckte erschrocken zusammen.

„Also gut, Eltern sind keine Eierleger", entschuldigte ich mich, fügte aber rasch hinzu: „Hasen aber auch nicht." Denn von dem, was ich letztes Jahr gesehen hatte, war ich felsenfest überzeugt. Und niemand, auch nicht meine Mutter, konnte einfach ungeschehen machen, was damals passiert war. Das war meinem Vater nun auch zu viel des Guten und er ermahnte mich in seiner ruhigen, besänftigenden Art: „Lass jetzt gut sein, Mariechen, sonst könnte es sein, dass dir niemand mehr auf dieser Welt an Ostern Eier schenkt."

„Wenn Eltern die Eier in den Garten legen heißt das noch lange nicht, dass sie die Eier vorher selbst gelegt haben", erklärte meine Mama jetzt. „Aber Mama, wenn die Eltern die Eier nicht legen und die Hasen auch nicht, von wem kommen dann die ganzen Eier, die wir im Garten finden?" fragte nun mein jüngerer Bruder verwirrt.

„Siehst du, jetzt hast du deinen Bruder um das Osterfest gebracht mit deinem vorlauten Gerede", sagte meine Mutter, mehr ratlos als strafend und suchte nach einer Antwort. Ich verstand. Irgendetwas Geheimnisvolles musste dahinter stecken, wenn ich zwar wissen durfte, dass Mama die Eierversteckerin war, aber es so schwer war, ihre Existenz überhaupt zu erklären. Das war wohl so etwas wie mit dem

Klapperstorch. Bis heute hatte ich keine einzige Bisswunde an den schönen schlanken Beinen meiner Mutter entdecken können. Dabei hatte sie schon dreimal Kinder auf die Welt gebracht.

„Wieso, feiern wir denn dieses Jahr nicht Ostern? Bloß, weil niemand die Eier gelegt haben will, obwohl sie da sind?" betrauerte Karlchen das Geschehen.

„Ach was, natürlich kommt der Osterhase und legt für euch Kinder Eier in den Garten, damit ihr sie finden könnt", sagte Papa.

„Kommt", unterbrach Mutter die Spannung, „lasst uns ins Kaffeehaus gehen. Dann könnt ihr euch ein Eis aussuchen und wir ein Stück Kuchen essen." So hatte sie sich das also gedacht! Sie wollte mich mit dem Eis bestechen. Ich schwieg weiter, weil ich schweigen musste, weil ich sonst in mein Zimmer ausgesperrt werden würde. Aber ich hatte trotzdem Recht. Die Eier kamen von Mama!

So saßen wir denn zu viert am Kaffeehaustisch mit Greta im Kinderwagen und schleckten brav unser Eis. Das gefiel Mama, denn sie sagte: „So ist's recht. Schmeckt euch das Eis?"

„Ja", sagte Karlchen mit Schokomund und klebrigen Händen. „Hm", brummelte ich und hoffte, in Ruhe gelassen zu werden, weil ich sonst womöglich wieder etwas Vorlautes hätte sagen können. Als wir uns nun mit so viel himmlischer Süße und bemühtem Schweigen gegenüber saßen, kam die Kaffeehauschefin mit einem Korb voller bunter Eier an unseren Tisch. „Nun liebe Kinder, hat euch das Eis geschmeckt?"

„Ja, ganz lecker und so süß", entfuhr es mir unversehens, froh, dass ich mein aufgezwungenes Schweigen nun brechen durfte, ohne eine Strafe befürchten zu müssen.

„Schaut mal, was der Osterhase schon gebracht hat. Die hab ich heute in der Früh in der Wiese entdeckt. Wollt ihr euch welche aussuchen?"

„Da sind sie also auch eine Eierlegerin wie meine Mutter?" fragte ich ganz stolz ob meiner kindlichen Weisheit. Mama und Papa erschraken, aber die Kaffeehauschefin

lachte und sagte: "Liebes Mädchen, Mamas legen keine Eier, die bekommen Kinder, so wie du eins bist."
„Aber wenn Mamas keine Eier legen, wer ist dann der Storch, der sie ins Bein beißt, damit sie Kinder bekommen kann?" Vater versank im Stuhl und Mutter haspelte mit der Gabel, die ihr schließlich auf den Boden entglitt. „Mit den Störchen ist das so eine Sache. Die fliegen nur einmal im Jahr und kommen auch nur, wenn sie Hunger haben." „Nun stell sich das mal einer vor bei einer Hungersnot. So wie es uns die Schwester erzählt hat aus der Bibel mit den sieben schlechten Jahren. Das würde ja bedeuten, dass alle Frauen ununterbrochen Kinder bekommen würden, selbst die Nonnen in den Klöstern, obwohl die doch gar keine bekommen dürfen! Wenn das der liebe Gott erfährt." Und augenblicklich schien sich der Zuckerguss auf dem Kuchen meiner Mutter in eine Salzkruste zu verwandeln, denn sie verzog das Gesicht, als hätte sie eine völlig versalzene Suppe gegessen.

„Störche hungern anders als die Menschen, weißt du. Man muss immer Zucker aufs Fensterbrett legen, damit sie satt werden und weiter fliegen."

„Schläfst du deshalb bei Mama, damit der Storch der Mama keine Kinder macht, Papa?" fragte ich nun besorgt.

„Mariechen, ich schlafe bei Mama, damit immer genug Zucker auf dem Fensterbrett liegt", versuchte mein Vater sich herauszureden in betont ruhigem Ton.

„Aber Papa, wenn immer genug Zucker auf dem Fensterbrett liegt, und kein Storch der Mama ins Bein gebissen hat, wo sind wir dann hergekommen? Dann kannst doch nur du der Mama die Kinder gemacht haben, weil du der einzige bist, der bei ihr im Bett schläft."

„Papa", fragte Karlchen wissbegierig, „wie machst du denn der Mama die Kinder? Beißt du dann der Mama ins Bein, wenn kein Storch in der Nähe ist?" Jetzt herrschte eine laute Stille, was nichts Gutes bedeuten konnte. Ich hatte wohl wieder etwas Vorlautes gesagt.

„Also Kinder, wenn ihr erwachsen seid, werdet ihr das besser verstehen. Die Kinder kommen vom lieben Gott. Und

ihr wisst doch, dass man den nicht einfach fragen kann. Er weiß immer, wann die Kinder kommen sollen und wann nicht. Und wenn ihr jetzt brav seid und keine dummen Fragen mehr stellt, erhört er euch irgendwann und ihr werdet es erfahren."
Das war also das Geheimnis, der liebe Gott hatte uns gemacht! „Papa", fragte ich jetzt leise, weil ich befürchtete, der liebe Gott könnte mir zuhören und grollen, „Papa, beten wir deshalb ‚Vater unser im Himmel' und heißen deshalb alle Gotteskinder, weil er unser Vater ist?"

*/ */ */

Kindergebet

Lieber Gott,
beschütz die Blumen, Gräser und Sträucher,
schick ihnen den Regen,
der sie wachsen lässt.

Lieber Gott,
beschütz die Hühner, Gänse und Hasen,
lass die Wiese wachsen,
damit sie genug Futter haben.

Lieber Gott,
beschütz die Kinder,
lass Osterhasen Eier verstecken,
damit wir in der Wiese
suchen können.

Lieber Gott,
lass Ostern werden,
sonst werden die Nester feucht
und die Eier färben ab.

Morgendämmerung

Oh wie die Nacht so kühl sich neigt,
noch schweigt der Bäume leises Rauschen.
Die Vögel ihre Flügel bauschen
zum Aufflug in das Taggerüst.

Das Morgenrot am Horizont
die Bäume in den Schatten sonnt.
Bald abzieht unterm Feuervogel
das Dunkelgrau über dem Kogel,
bis alles Trübe eingebüßt.

Dahinter Sonne strahlt und funkelt.
Nachteulen haben ausgedunkelt.
Was lang verborgen, wird sich zeigen,
was aufgeblüht im Licht nicht schweigen.

Die Osmanische Wappenblume

Tulpen gehören zur Pflanzengattung der Liliengewächse. Mitte Mai bis Mitte April blühen sie in der freien Natur. Im Park de Keukenhof wird mit einem üppigen Blumenfest die Tulpensaison eröffnet. Es gibt etwa 140 Tulpenarten, die in Zentral- und Vorderasien, Afrika und Europa heimisch sind. Tulpen waren einst die Wappenblume der Osmanen. Da ihre Blütenform an die hochgewickelten Turbane der Muselmanen erinnert, wurde ihr Name von Tulipan, dem Turban, abgeleitet. Seit dem 9. Jahrhundert sind sie in der altpersischen Literatur erwähnt. Die Türken kultivierten die Pflanze. Seit dem 13. Jahrhundert findet sie auf Miniaturen, Keramiken oder als Kleidermuster dargestellt. Die Gartentulpe gelangte Mitte des 16. Jahrhunderts nach Westeuropa. Mit der Beliebtheit der Blume wuchs auch das Interesse an der Tulpenzucht. In Holland entstand Anfang des 17. Jahrhunderts eine regelrechte Tulpenmanie. Spekulanten boten hohe Preise für die Tulpenzwiebeln. 1634 kosteten 3 Zwiebeln 30.000 niederländische Gulden. Zum Vergleich: ein Grachtenhaus in Amsterdam kostete damals etwa 10.000 Gulden. Der „Tulpenrausch" endete, als die holländische Regierung gesetzliche Maßnahmen ergriff und so zahlreiche Spekulanten in den Ruin trieb.

In der Blumensprache steht die rote Tulpe für die ewig währende Liebe, weiße Tulpen für endlose Liebe und schwarze für ewige Verbundenheit. Ist die Liebe noch jung und zart, schenkt man rosafarbene Tulpen. Lächeln und Sonnenschein schenkt man mit gelben Tulpen. Ein Strauß bunter Tulpen besagt, ich mache dir schöne Augen.

Bauernregeln

April, dein Segen, heißt Sonne und Regen. Bloß den Hagel – den häng an den Nagel.
Bei rotem Mond und hellen Sterne, sind Gewitter gar nicht ferne.
Nach oben schau, auf Gott vertrau, nach Wolken wird der Himmel blau.
Treibt die Eiche vor der Esche, ist der Sommer eine Wäsche.

Zitate

Der Frühling ist eine echte Auferstehung, ein Stück Unsterblichkeit. Henry David Thoreau 1817-1862, US-amerikanischer Schriftsteller und Philosoph

„Wollte man die Herrlichkeit des Frühlings und seiner Blüten nach dem wenigen Obst berechnen, das zuletzt noch von den Bäumen genommen wird, so würde man eine sehr unvollkommene Vorstellung jener lieblichen Jahreszeit haben." Johann Wolfgang von Goethe 1749-1832

Frühlingsvollmond

Vergessene Glyphen
mal mir ins Fenster
dass wiederkommt
das Streicheln des Windes
der Durchblick der Sonne
alles Ewige
drängt aus den Lichtrissen
ersten Vollmonds
rufen wir den Frühling an

Frühlingsserenade

Die weißbesetzte Welt bricht zögerlich ihr Schweigen
sie klaubt den letzten Rest an Dunkelheit zusammen
als in diesem Schwarz schon Sonnenpunkte schwammen
ließ der gehetzte Mond den Duft heruntersteigen

Auf kargen grauen Ästen jetzt Knospen lustvoll weiden
in Sträuchern Licht betrunken Goldlöckchen Glanz entflammen
im irren Rausch der Farben die Schwermut zu verdammen
und österlich Geläut' Erlösung will beeiden

Im zart beseelten Grün Narzissen sich entfalten
die Krokusse erleuchten Blaumeisen verhalten
den Lobgesang anstimmen auf dieses junge Leben

das so ersprießlich blüht und wächst im Aufbegehren
die Liebe dieser Tage soll sich in uns mehren
dass wir so reich gestärkt das Zaudern uns vergeben

Mittachs

De Sunn is reduur
knallt den Virrelcha uff de Deetz
feiat die Wies òòn
endlich los se bliin

im Scheesewänsche plappat
än klään Kind met seina Mama
spillt met seinen Fingascha
Gummitwist

uff em Trottwa
kauat än Katz
blinzelt aus de Auen
un schnurrt

in da Louft hängt
Brotkrumpadouft

pletzlich is alles gonz dussma
in da Ströòß
nua aus em Kullang trippst it
in de Mittach

bis de Sunn
all Troppen
vadunscht

Nebelreiter

Der volle Mond vergeht, die Erde dreht sich weiter,
am tiefen Horizont die weiße Scheibe flirrt
und Vögel fliegen auf, von Dämmerung verwirrt.

Aus feuchter Erde sprüht der frühe Nebelreiter
ein Netz aus Tropfenfäden aus seinem Wolkentross,
verbindet Tal und Gipfel, frischt auf das Morgenschloss.

Der Sonne Lichtgebilde von gegenüber blitzt
und alles, was sich windet mit Wolkendunst und Grau,
mit nassen Händen kündet von Niesel, lauem Tau.

Von ihren roten Strahlen sich zaudernd leicht erhitzt
der blasse Tagesschimmer, der sich am Grau verdross.
Wo Dunkelheit entschwindet, ein blauer Tag entspross.

○

Kalenderblatt Ostern

Ostern ist das Fest der Auferstehung Jesu Christi, das höchste Fest der Christenheit. Im Matthäusevangelium (28, 1-10) steht: „Als aber der Sabbat vorüber war und der erste Tag der Woche anbrach, kamen Maria von Magdala und die andere Maria, um nach dem Grab zu sehen. Und siehe, es geschah ein großes Erdbeben. Denn der Engel des Herrn kam vom Himmel herab, trat hinzu und wälzte den Stein weg und setzte sich darauf. Seine Gestalt war wie der Blitz und sein Gewand weiß wie der Schnee. Die Wachen aber erschraken aus Furcht vor ihm und wurden, als wären sie tot.
Aber der Engel sprach zu den Frauen: Fürchtet euch nicht! Ich weiß, dass ihr Jesus, den Gekreuzigten, sucht. Er ist nicht hier; er ist auferstanden, wie er gesagt hat. Kommt her und seht die Stätte, wo er gelegen hat; und geht eilends hin und sagt seinen Jüngern, dass er auferstanden ist von den Toten. Und siehe, er wird vor euch hingehen nach Galiläa; dort werdet ihr ihn sehen. Siehe, ich habe es euch gesagt. Und sie gingen eilends weg vom Grab mit Furcht und großer Freude und liefen, um es seinen Jüngern zu verkündigen.
Und siehe, da begegnete ihnen Jesus und sprach: Seid gegrüßt! Und sie traten zu ihm und umfassten seine Füße und fielen vor ihm nieder. Da sprach Jesus zu ihnen: Fürchtet euch nicht! Geht hin und verkündigt es meinen Brüdern, dass sie nach Galiläa gehen: Dort werden sie mich sehen."
Das Konzil von Nizäa im Jahre 325 legte das Fest der Auferstehung auf den Sonntag nach dem ersten Frühlingsvollmond. Es fällt zwischen dem 22. März und dem 25. April. In den orthodoxen Kirchen wird heute noch nach dem julianischen Kalender gezählt, weshalb das Osterfest auf ein späteres Datum fällt. Der österliche Festkreis beginnt mit dem Aschermittwoch, an den sich eine vierzigtägige Fastenzeit anschließt. Sie endet am Palmsonntag, der die Karwoche eröffnet und an den Einzug in Jerusalem erinnert. Die katholische Kirche vollzieht den Durchgang durch den Tod

ins Leben mit drei österlichen Tagen vom Leiden, vom Tod und von der Auferstehung des Herrn (Triduum sacrum), beginnend mit dem Gottesdienst am Hohen Donnerstag, dem letzten Abendmahl, der Karfreitagsliturgie, die das Leidensgedächtnis und die Verehrung am Kreuz beinhaltet, der Grabesruhe am Karsamstag und der Osternachtsfeier. Eine Lichtfeier eröffnet den liturgischen Ablauf der Feier, es folgen der Einzug in die dunkle Kirche mit der Osterkerze, an der auch die Gottesdienstteilnehmer ihre Kerze entzünden, ein Wortgottesdienst, die Taufliturgie, bei der das Taufwasser für das ganze Jahr geweiht wird und die Eucharistiefeier.

Die evangelische Kirche kehrte im 20. Jahrhundert wieder zum Triduum sacrum mit der Osternachtsfeier zurück. Der Einzug vollzieht sich ebenfalls wieder mit der Osterkerze, einer Taufliturgie, Lesung des Osterevangeliums und der Feier des Abendmahls.

Orthodoxe Christen in Russland bereiten sich mit dem Großen Fasten sieben Wochen lang auf das Fest der Auferstehung Christi vor. Ostern ist das Hauptfest und wird noch prächtiger als das Weihnachtsfest zelebriert. Die geistige Reinigung ist beim großen Fasten wichtiger als der Verzicht auf Nahrung. Das heilige Feuer wird aus der Grabkammer Jesu von Jerusalem nach Moskau in die Christ-Erlöser-Kathedrale gebracht. Die Flamme der Auferstehung wird vom in weißem Gewand gekleideten Patriarchen, der in jeder Hand eine Kerze hält, an die Gläubigen weitergeben. Um Mitternacht verkündet er: "Christus ist auferstanden! Christus ist wahrhaft auferstanden!" Der Patriarch zieht danach ein festliches rotes, mit Gold besticktes Gewand an und zelebriert die Ostermesse. Ein großes Glockengeläute, festliche Chorgesänge und Gebete bis zum frühen Morgen folgen. So wie die Osternachtsfeier mit dem Papst in Rom im Fernsehen übertragen wird, so wird auch der Gottesdienst in Moskau im ganzen Land gesendet.

Das Osterei geht auf den Brauch des 12. Jahrhunderts zurück, in der Osternacht Eier zu weihen. Symbolisch wurde die Auferstehung mit dem Schlüpfen des Kükens aus der Schale verglichen. Bemalt werden sie seit dem 13. Jahrhundert. Während der Fastenzeit wurden keine Eier verzehrt. Um diese von den frischen Eiern zu unterscheiden, wurden die gesammelten Eier bemalt. Die Legende des Osterhasen als Eierbringer entstand nach der Reformation, da die Protestanten sowohl den Karneval als auch die Fastenzeit ablehnten. Um die Existenz der vielen Eier an Ostern zu erklären, wurde der Osterhase erfunden. In Russland schreibt man dem Osterei magische Kräfte zu, sie sollen die Ernte gegen Hagel, das Vieh gegen Krankheiten und das Haus gegen böse Geister schützen. Sie gelten auch als Glücksbringer. Weltbekannt sind die kunstvollen Eier des russischen Hofjuweliers Peter Carl Fabergés.

Bauernregeln und Sprüche
Ist der Palmsonntag ein heiterer Tag, für den Sommer ein gutes Zeichen sein mag.
Wenn Ostern auf Georgi fällt, erwartet großes Weh die Welt.
Wenn zu Ostern die Sonne scheint, sitzt der Bauer am Speicher und weint.

Zitate
"Im Licht der Ostersonne bekommen die Geheimnisse der Erde ein anderes Licht." Friedrich von Bodelschwingh
„Jesus Christus: Ich bin die Auferstehung und das Leben. Wer an mich glaubt, der wird leben, auch wenn er stirbt."
Johannes 11, 25
„Er sprach zu dem Weingärtner: Siehe, ich bin nun drei Jahre lang gekommen und habe Frucht gesucht an diesem Feigenbaum und finde keine. So hau ihn ab! Was nimmt er dem Boden die Kraft? Der Weingärtner aber antwortete und sprach zu ihm: Herr, lass ihn noch dies Jahr, bis ich um ihn grabe und ihn dünge. Vielleicht bringt er doch noch Frucht; wenn aber nicht, so hau ihn ab." Lukas 13

Glaube

Wie tief in Schmach und Leid gehüllt
hast uns das Leben neu erfüllt
in gnadenloser Liebe

Wie schmerzhaft war der Gang zum Kreuz
wie dunkel allen Tods Geläuts
dich trafen Peitschenhiebe

Wer dir noch folgt
wer um dich fleht
den hat dein Opfer angeweht

Wer dich noch sucht
wer um dich bangt
dessen Herz nach dir verlangt

Wie tief in Schmach und Leid gehüllt
hast uns das Leben neu erfüllt

Wer dich erkennt
wer dich erblickt
ist ganz von deinem Geist erquickt

Hoffnung

Oh liebster Herr Jesus
komm zu mir herab
da du stiegst aus dem Grab

Lass das Kreuz meiner Seele
Licht im Lichte sein
Lass den Hauch deines Geistes
Herzen der Liebe weih'n

All meine Sinne
blicken hinauf zu dir
dass nichts mehr mich trübt
alles zieht mich hin zu dir

Oh liebster Herr Jesus
komm zu mir herab
da du stiegst aus dem Grab

Lass dein Licht meinen Augen
strahlendes Leuchten sein
lass die Kraft deiner Güte
Zweifel der Hoffnung weih'n

All mein Sehnen
will nur hinauf zu dir
dass sich erfüllt mein Leben
ewig im Bund mit dir

Liebe

In der Finsternis der Nacht
hält dein Licht mich stark und fest
alles was mich zweifeln lässt
ist von Liebe zugedacht

Was das Kreuz verheißen hat
dass die Liebe überdauert
dass mich Leid nicht mehr erschauert
ist dies Geistes heilige Saat

Liebe trägt uns wie auf Flügeln
unversehrt in Licht und Schatten
lässt im Kampf uns nicht ermatten

Liebe wird das Dunkel zügeln
was sich sträubt zum Licht bekehren
Liebe kann nur Liebe lehren

Das Leben

Er nur kann wählen dich aus dem Kreis Menschen, die ihn nicht erkennen,
wird dich begleiten auf geistigen Flügeln, umarmen und halten,
bis deine Seele zerspringt von der Nahrung des Lichts und der Weisheit,
heilt deine Wunden, den Schmerz lindernd, löscht aus die quälenden Fragen.

Pocht auch dein Herz an die Nacht und friert verlassen, fleht nach Erlösung,
sendet Er Engel dir zu, deine Not löst Er auf in Vaters Trost.
Willst du empfangen ihn, öffne dich weit, Labsal stillt diesen Hunger,
und in der Dunkelheit ist Er dein Hoffnungsgeleit durch die Trübnis.

Ich bin bei Euch bis ans Ende der Tage, so spricht Er zu dir, Gott, Dein Herr.
Seine gewaltige Herrschaft erwartet den Sehnenden wahrhaft.
Ihm zu vertrauen erfüllt und beglückt. Gibst du Ihm dich hin, sieh nur,
all deine Ängste und Sorgen versiegen, gesegnet wirst du sein.

Karwoche

Der Wind singt grüne Melodien
Narzissen schlafen im Schnee
Osterglocken läuten

wir streuen Blumen aus
fächern mit Palmwedeln
durch Straßen

Am Kalvarienberg
wacht Maria

Frauen flüchten
in ihren Mantel
Gewitter fiebert

Der Ruf

Der Schnee verging im April
sickerte wortlos
von den Felsen

ein Steinbock leckte Schiefer blank
Gebirgsaltäre für das verspätete Opferlamm

Keiner wird sagen
er sei berufen worden
seinen Sohn zu opfern

Schlächter geben sich vorher
nicht zu erkennen

im Garten Gethsemane
schlafen die Hunde
auf Silber

und doch rief ein Sohn
nach seinem Vater

Todesstunde

Stille
im Gebirge

Tod stahl alle Töne
Glocken flogen vorbei

Bergziegen
stehen auf Felsspitzen

Küchenschellen
geben keinen Laut

Zugwind reißt
am Gebüsch

ein Ast fällt
von Felsstufe zu Felsstufe
trommelt die Zeit
ins Land

Uhrwerk des Untergangs
dessen Stundenschlag
im Tal abbricht

Requiem

Wenn ich in der Erde liege
ergeben ruft mein Herz nach dir,
Wenn ich heimkehre zu dir
beginnt der Staub den Leib zu wiegen.

Alles ich vergessen werde.
Was immer auch im Glanz der Welt,
löst sich auf, zu Staub zerfällt.
Ich gehe ein in deine Herde.

Alles Bangen, alles Zagen
verstummt im Anblick deines Lichts.
Hör die Stimme des Gerichts,
der höchste Rat beginnt zu tagen.

Sei mir gnädig, sei mir milde,
erflehe Nachsicht, nimm mich auf.
Ach, so lang wart' ich darauf,
erlöst in himmlischem Gefilde.

Gott, du Heiland, du mein Leben,
vergib mir Fehlen, meine Schwäche.
Tod die Seele nicht zerbreche,
die Auferstehung naht, dein Segen.

Wenn ich in der Erde liege
ergeben ruft mein Herz nach dir.
Sollt ich heimkehren zu dir,
dann wird dein Himmel in mir siegen.

Du trocknest meine Tränen wieder

Du trocknest meine Tränen wieder,
die vergossen ich in meiner Qual,
die meinem Kampf so still entsprungen,
du sandtest mir dein liebendes Fanal.

Mit deinem Geist ich widerstand hier,
ich bezwang den Zweifel und die Not;
besiegte, was zehrte und zersetzte
und all das Ängste schürend düster Brot.

Du schenktest mir den Frieden wieder,
den verloren ich im Licht der Welt,
das meines Herzens Kraft zerschnitten.
Dein Leuchten lag auf mir, hat mich erhellt.

Und trocknest meine Tränen wieder,
die vergossen ich in meiner Qual.
Du trocknest meine Tränen wieder
und lädst mich ein zu deinem Hochzeitsmahl.

Allerliebstes Licht

Da Du mich rufst, Dir zu folgen,
nimm nur mein Herz, nimm meine Seele ganz.
Kein Weh, kein Schmerz wird mich Dir nehmen,
vergess ich mich, vergess den Glanz.

Da Du mich rufst, Dir zu folgen,
gebe ich Dir mein ganzes Leben neu,
will Garten sein, sä' Dich mir wieder,
dass keimen kann die Frucht der Treu'.

An Deinen Blüten ich mich freue,
an Deiner Nahrung reife ich allein
und Deiner Sonn' erwächst die Wurzel,
die Tränen werden Regen sein.

Da Du mich rufst, Dir zu folgen,
geb ich mich Dir zu Deinem Willen hin,
mein Schöpfer Du, mein starker Tröster,
Du meiner Hoffnung Zuversicht,

Du hellstes, allerliebstes Licht.

Püttlinger Dom

Wedel aus Buchsbaumzweigen
trägt die Palmprozession an den Altar
vom Hügel stäubt das Gelb der Blütensterne
Wogen voller Süße ins Tal hinab
legt einen Duftschleier über die Stadt
die alles aufsaugt wie ein ausgetrockneter Schwamm

an den Türmen des Doms herrscht
laute Geschäftigkeit Tauben fliegen ins Gestühl

in der Osternacht stille Grabesandacht
bis das Taubenpaar frühmorgens
das Gurren anschlägt sich friedvoll
aneinanderschmiegt und sich erhebt
in den Lichtstrahl der von den Türmen
ins Innere der Kirche bricht

Weißer Sonntag

Blütenpollen fliegen
spannen Duftbrücken
von einem Hügel zum anderen
wer wirft sich Blicke zu
wenn Kirchturmglocken rufen
die Hügel zu wechseln

Kinder tragen weiße Kerzen
in die Herz Jesu Kirche
Orgelklänge verbreiten sich
Weihrauch und Chorgesang

über dem stillen Geläut der Osterglocken
flattern Zitronenfalter wie Standarten
vor den Portalen alter Kathedralen

Von Herchenbach nach Sellerbach

Rapsfelder glühn, wenn Herchenbach sich dehnt
und schönt, sich hinschlängelt, wo im Herbst
Rocco del Schlacko Bässe schlägt. Du färbst
den Blick ins Dorf mit Düften, gelehnt

an die Auen, auswärts, wo Steppenrinder grasen.
Am Kühlberg schwankt der Hügel honigsüß berauscht.
Sonne steckt Blüten sich ins Haar und lauscht
Gitarrenklängen der Felder am Sauwasen.

Von Kirchtürmen läutet harmonisch im Duett
das hohe Lied der Psalmen. Im inniglichen Menuett
fliegen die Tauben. Unter Gotteshauben schlüpfen,

in weiß und schwarz gekleidet, Kommunikanten, knüpfen
das neue Band in Christi. Die Kerzen der Kastanien
entflammen, in Körben verströmen sich Geranien.

Mich hüllten Düfte ein

Im Rausch der Farben
kämmt sich der Frühling
das Schwarz aus den Haaren

Kalenderblatt Mai

„Alles neu macht der Mai", singen wir auch heute noch. Die Hochzeit der Düfte ist noch nicht beendet. Mit der Apfel- und Fliederblüte hält der Vollfrühling seinen Einzug. In den kommenden Wochen gehen Futterrüben und Kartoffeln auf, die Halme des Wintergetreides schoßen. Auch kommen die ersten Ähren des Winterroggens schon aus der obersten Blattscheide heraus, während die Apfelblüte zu Ende geht. Im Vollfrühling duften Goldregen und Maiglöckchen, Eberesche und Weißdorn treiben aus. Mit dem Beginn der Himbeerblüte endet die Frühlingszeit. 2014 wurde am 4. April die erste Apfelblüte und am 17. Mai die letzte Holunderblüte gemeldet. Kommt ein Kälterückfall, werden die Eisheiligen dafür verantwortlich gemacht. Die Eisheiligen gehören zu den Wetterheiligen, die angerufen werden, um für günstiges Wetter in der Landwirtschaft zu bitten, damit keine Hungersnöte entstehen.

Die Gedenktage richten sich zeitlich betrachtet noch nach dem julianischen Kalender. Daher treten die Wettererscheinungen meist 10 Tage später auf. Am 11. Mai ist Mamertus, Bischof von Vienne, am 12. Mai Pankratius, ein frühchristlicher Märtyrer, am 13. Mai ist Servatius, Bischof von Tongeren, am 14. Mai Bonifatius, ebenfalls ein frühchristlicher Märtyrer und schließlich am 15. Mai ist Sophia, frühchristliche Märtyrerin und Mutter dreier geweihter Jungfrauen. Sie ist als kalte Sophie in den Kalender eingegangen.

Bauernregeln
Ist der Mai kühl und nass, füllt's dem Bauern Scheun' und Fass.
Die erste Liebe und der Mai, gehen selten ohne Frost vorbei.
Der Hl. Mamerz hat von Eis ein Herz. Pankratius hält den Nacken steif, sein Harnisch klirrt von Frost und Reif. Servatius' Hund, der Ostwind ist, hat schon manches Blümchen totgeküsst.

Zitate

„Stehe auf, Nordwind, und komm, Südwind, und wehe durch meinen Garten, daß seine Würzen triefen! Mein Freund komme in seinen Garten und esse von seinen edlen Früchten." Hohelied 4, 16

Maitag am Lac du Der

Enten schnattern und Frösche quaken
unterm Sumpfgras
es schallt in den blauen Himmel
in die Sonne die den Vormittag
mit Wärme überschüttet

junges Laubgrün leuchtet auf
roter noch feuern Blutbuchen
ihre Blattteller an
schnarrende Vogelrufe
auszuwerfen

Badende hocken im Sand
werfen Kieselsteine in den See
zählen die Kreise des Untergangs

Rauchschwalben halten Familienkonferenzen ab
Schwäne plustern ihr weißes Gefieder
um dem Paartanz Glanz zu verleihen

nur die Krähen krakeelen
lauten Protest in den Wind
dass die Zauberei des Frühlings
im Sommer enden wird

Frühling in Burgund

In diesem Farbenrausch
aus dem die Blüte der Rapsfelder
ihr süßes Aroma gewann
schwankt gelb betäubt hochroter Mohn
auf Weizenähren und Gräserpfriemen
tropft aus dem Viadukt frühes Taulicht

jenseits des Rotbuchensaums der Landstraßen
unter dem Kabeltwist der Oberleitungen
durchpflügt der TGV Burgund
hypnotisiert mit seinem Blinken
Birkeninseln Ahornhaine

Laubtunnel öffnen die Zufahrt
zu Dörfern aus mittelalterlichem Bestand
Turm bewacht Brücken beschützt
wallen Geranienkaskaden aus Tontöpfen
wildern Rosenbüsche vor den Portalen
der Landhäuser

Wasserfontänen sprudeln aus Brunnenschalen
verrieseln sich in der Höhe
perlen ab in den Beckengrund

Hin und wieder
wirft jemand eine Münze ins Licht

Mittachsbad

Haut Mittach träämt da Himmel iwa Wiesen.
Ea is so blau, kään Welkchen is se siin,
Magretscha um de Wett met Gräsan bliin,
voa lauta Pollen fòng eich òn se niesen.

De Hitz de Ströòßenbeton lisst vafließen
un Teageruch kriecht iwa Gaatengriin.
De Sunn stett hoch un strahlt, vazieht kään Min,
de Bienen flejen, den kònn se nix vamiesen.

Eich leien uff da Deck, da Bòòm wirft Schatten,
de Blätta rascheln zaat, se sin òm pischban,
de Maikäfa im Buttablimchin krischban.

Nua uusa Nòòpa schafft, bemòòlt de Latten
vom Gaatenzaun, peift voa sich hin än Littchin,
än Rotkehlchen peift met un bad em Bittchin.

❋

Hoch uff em Wòòn dem gelwen

Hoch uff em Wòòn dem gelwen
huck eich beim Schwoa voa
schnuastracks den Päa den selwen
schmettat sein Horn int Oa
Felda un Wiesen un Auen
Ähren wiejen ia Gold
eich määnt jò so gea noch bleiwen
awa da Wòòn rollt un rollt

Pòschtmon stett òn da Tränke
fittat de Päa wie im Fluch
Bia volla Schaum uff Bänke
stellt hin da Wirt em Kruch
hinna de Finschtascheiwen
lacht än Gesichtchin hold
eich määnt jò so gea noch bleiwen
awa da Wòòn rollt un rollt

Fleeten hea eich un Geijen
luschtisch brummt laut da Bass
jung Leit dònzen em Reijen
um än Lind um än Fass
flejen wie Blätta im Wind lò
juksen un rumgetollt
eich wäa jò gea gebliif bei dea Lind dò
awa da Wòòn rollt un rollt

Huckt moll it Knochenmännchin
lò beim Schwoa voa
schwingt met da Peitsch än Minchin
singt em än Littchin int Oa
saan eich in auam Treiwen
machen it nit so doll
Eich määnt jò so gea noch bleiwen
Awa da Wòòn rollt un rollt

O Däla weit, o Hejen

O Däla weit, o Hejen,
o scheena, griina Wald,
dau bischt mein Luscht und Wejen,
òòndäschtisch Uffenthalt.
Dò drauß, imma vaäppelt,
saust de Welt un schafft.
Noch änmòll uffgepäppelt,
dein Griin meich uffgerafft.

Wenn it hell gift òm Mojen
vadunscht die Naat und winkt.
De Virrel han kään Sorjen,
dein Herz voll Luscht dia klingt.
Dònn kònn vagehn, vawehen
uff uusa Ead all Lääd.
Dò konnscht dau widda uffstehen,
un bischt so volla Frääd

Em Wald dò stett geschriew
än Wort so still, so ärnscht,
wat richtisch is und liew,
vom Hämm deich nit enfernscht.
Die Spròòch hònn eich gelees lò,
so änfach und so woa,
un wii eich bin gewees dò,
ohne se sòòn woat kloa.

Ball muss eich von dia furtgehn,
freem gehn eich in de Fremd,
uff jeda wacklisch Tròòß stehn.
Schaware heischt dat Hemd.
Un mitten in dem Lewen
packt meisch da Ärnscht schroff òòn,
will meich allään hoch hewen,
dat muss mein Herz vadròòn.

Òwendschlumma

Haut Òwend rollt da Himmel Dunkelfalten,
ea is schun miid un dämmat voa sich hin.
De Sunn zejt sich serick, is schunn gònz dinn,
än bissin blitzt se noch durch Wolkenspalten.

De Virrel unam Dach sin noch òm walten,
klään Schnäwwelcha laut plärren, hungrisch sin;
än Mick vaflejt sich, hängt im Netz da Spinn
un Eintagsflijen òwends gin zu Alten.

Eich roun im Sessel, guck da Naat int Finschta.
De Mondscheib zwischen Sterncha silwa blinkt,
als ob von òwen äna mia zouwinkt.

Än Hummel brummt un süffelt noch im Ginschta,
eich süffeln Wein un sinken in de Schlumma.
De Louft is waam, ma merkt ball hònn mia Summa.

Die Blumensprache

„Etwas durch die Blume sagen" ist eine Redewendung, aus dem 16. Jahrhundert. Die Redewendung besagt, dass jeder Blume eine bestimmte Bedeutung oder Aussage zukommt. Den Gegensatz dazu stellt der Ausdruck „unverblümt" dar. Wer etwas unverblümt sagt, äußert sich offen, geradeheraus und ohne Rücksichtnahme. Eine verbreitete Redensart ist auch „Vielen Dank für die Blumen". In diesem Zusammenhang ist das jedoch kein Dank für einen erhaltenen Blumenstrauß, sondern bedeutet, dass man eine versteckte oder aber sehr offen geäußerte Kritik verstanden hat.

In der Zeit der Romantik war der Ausdruck „Lasst Blumen sprechen" ein Code für etwas, was man sagen oder fragen wollte, aber nicht auszusprechen wagte. Die Ursprünge dieser Kunst, mit einer klugen Auswahl von Blüten eine unausgesprochene Herzensbotschaft zu übermitteln, sind nicht genau bekannt. Vermutlich stammt sie aus dem antiken Persien und erreichte von dort die Serails der mittelalterlichen Sultane. Genau bekannt ist hingegen, wie diese Kunst nach Europa gelangte. Lady Mary Wortley Montagu reiste zu Beginn des 18. Jahrhunderts in den - damals „in Mode" kommenden - Orient. Dort erlangte sie als Frau Zutritt in Harems, wo sie die Kommunikation durch Blüten entdeckte. Darüber berichtete sie in ihren „Briefen aus dem Orient" (Letters written during their travels London; 1763). Ein Standardwörterbuch der Blumensprache hat es allerdings nie gegeben. Doch großen Einfluss gewann das 1816 erschienene Werk „Les Emblèmes des fleurs" (Die Blumensprache) von Charlotte de Latour (bürgerlicher Name Louise Cortambert). Das Buch wurde ein Bestseller, und in ganz Europa und sogar in Amerika übersetzt.

Bauernregeln
Der Mai bringt Blumen dem Gesichte, dem Magen aber keine Früchte.

Mai ohne Regen, fehlt's allerwegen, Gewitter im Mai, schreit der Bauer juchhei.
Schöne Eichenblüt' im Mai, bringt ein gutes Jahr herbei.
Der Mai zum Wonnemonat erkoren, hat den Reif noch hinter den Ohren.

Zitate
„Blumen sind das Lächeln der Erde." Ralph Waldo Emerson,
„Düfte sind die Gefühle der Blumen." Heinrich Heine
Die prachtvollsten Blumen blühen oft im Verborgenen.
Japanisches Sprichwort

Amorette, Amorette,
in den Lüften schwingt dein Charme.
Aus den Düften schlägt Alarm
Herztakt, tropft aus der Pipette
Rosenhauch und die Motette
zärtlich spielt. Die Pirouette
dreht im weichen Rosenbette
ehrfurchtsvoll der Liebe Schwarm.

Im Farbgewirr
schwirren Garben
aus Blütenährchen

Märchen hütet
das Knospengeklirr

Rotblütenmal

Kornfeld
halmmeterhoch
an der Gräserbüschelgrenze
Mohnblumenküsse

Liebeswiege in Grün
vor windblauem Baumesrand

Himmelsblicke
Sonnenregen
rotblütenmal Erdenschoß

\|/

Blütenschaumzauber

Himmel hingewischt
fahlblau gelbweiß durchmischt
geronnenes blassrosa Lichtblut

im Blütenschaumzauber
Frucht werdender Pfirsichhain
farbentrunkene lebensverzückte Leichtigkeit

handgeschöpft

Grünland

Weizenmeer in helloliv
margaretengelb gepaart
Zypressen überragt

weißgetünchte Häuser
sträucherumschützt

Wolkenblüten
Licht bestickt
tiefgründiges
Grünland

\|/

Die Luft blüht lavendelblau
im wölkchenweißen Horizont
Tag versonnener gelber Lockruf

über dem Dach kreisen Lichtsegel
blenden die Nachttür irritiert
fällt sie ins Schloss

am Morgengrat reibt sich
das Haupt jeglicher Verweigerung

Blütenschutz

Geissfuss Bocksbart Storchenschnabel
einen Kranz im Wiesenbabel
flechten weiße Margeriten
um die Wege der Termiten

dass die vielen kleinen Pflanzen
die sich hinterm Fels verschanzen
sich vor Krabbeltieren schützen
mit dem Kranz aus Blütenmützen

Lupinen sammeln
Kinder und Butterblumen
Zikaden trommeln

Im Schmetterlingstanz
läuten die Glockenblumen
Sonnenlicht hellt auf

Vormittag in der Champagne-Ardenne

Rosskastanien breiten majestätisch
ihre Äste über Wiesen aus
rosa Blütenkerzen brennen in den Himmel

im Gänsemarsch schlendert
am Zaun entlang eine Kuhparade
unter überhängendem Gesträuch
lässt sie sich für ein Schäferstündchen nieder

Weizen schosst messerscharf in die Höhe
ins samtgrüne Feld stößt Luftgebläse Wellen
bis das Getreide die Klingen kreuzt
Rapsfelder verlieren ihr Gelb

in Ceffonds schneidet die Kirche
ihr Mauerwerk in die Straße
weist Pilgern den Weg zur Kapelle
für das Stundengebet des Frühlings

Fachwerkhäuser lehnen sich zurück
empfangen Goldregen und Fliederblüten
vor den Toren des Eingangs
von blauen Schwertlilien bewacht

Marienmonat Mai

Der Mai ist der Muttergottes geweiht mit einem vielfältigen Brauchtum. Maialtäre werden aufgebaut und Maiprozessionen abgehalten. Seit Jahrhunderten stellen sich einzelne Gläubige, Orden und geistliche Gemeinschaften, Bistümer wie die Erzdiözese Freiburg, aber auch Städte oder Länder unter den Schutz der Gottesmutter. Schon in der Antike wurde Maria als Patronin verehrt. Vor allem im Osten wurde die Gottesmutter als Beschützerin der Christenheit angerufen. Im kaiserlichen Konstantinopel, wo Kleid und Schleier als Marienreliquien verehrt wurden, schrieb man die Abwehr feindlicher Belagerungen dem Schutz der Gottesmutter zu. Nach einer Legende rettete Maria mit ihrem Umhang einen jüdischen Knaben vor dem sicheren Feuertod. Über die praktische Bedeutung als Kleidungsstück hinaus hat der Mantel in vielen Kulturkreisen seit jeher symbolische Bedeutung. Bei Königen und Königinnen ist er Zeichen der Herrschaft und Würde. Außerdem symbolisiert er Schutz und Geborgenheit.

Neben der Lilie, der Rose, der gewöhnlichen Akelei, der Schlüsselblume und anderen Pflanzen zählt das Maiglöckchen zu den sogenannten Marienblumen und steht als Symbol für die keusche Liebe, die Demut und die Bescheidenheit von Maria. Man nennt es auch Maililie, Maischelle, Mairöschen, Marienglöckchen, Marienträne. Die Legende besagt, dass die Maiglöckchen aus den Tränen Mariens entstanden seien, die sie unter dem Kreuze Jesu vergossen hat. Das Maiglöckchen ist besonders giftig. Alle seine Pflanzenteile enthalten zahlreiche verschiedene Wirkstoffe. Besonders gifthaltig sind Blüte und Früchte. Bei äußerlichem Kontakt können Haut- und Augenreizungen entstehen. 2014 wurde das Maiglöckchen zur Giftpflanze des Jahres erhoben. Übrigens ist in Frankreich am 1. Mai der „jour de muguet", d.h. Maiglöckchentag. Man schenkt Maiglöckchensträuße, Sie gelten als Glückbringer.

Bauernregeln
Mairegen bringt Segen, da wächst jedes Kind, da wachsen die Blätter, die Blumen geschwind.
Abendtau und kühl im Mai, bringt viel Wein und bringt viel Heu.
Je mehr die Maikäfer verzehren, je mehr wird die Ernte bescheren.
Ist der Mai recht heiß und trocken, kriegt der Bauer kleine Brocken, ist er aber feucht und kühl, gibt es Frucht' und Futter viel.

Zitat
„Blüh auf, gefroner Christ, der Mai steht vor der Tür! Du bleibest ewig tot, blühst du nicht jetzt und hier." Angelus Silesius.
„Die Anlage von tausend Wäldern liegt in einem Samenkorn." Ralph Waldo Emerson

Marienfürbitte

Mutter Gottes die du hast getragen
alle Blumen des Lichts ins dunkle Grab
lass Knospen sich winden
dass wir wiederfinden
Blüten der Liebe
die du uns einst
gebracht

Die Höhlenkinder

Es war das Wunder des Frühlings, das mich jedes Jahr in Erstaunen versetzte. Vor der Schule lief ich mit der Bittprozession. Sie führte hinter dem Friedhof vorbei auf die Felder. Wir beteten den Rosenkranz. Eine der Frauen aus dem Mütterverein betete vor. Mutter hatte gesagt, Vorbeterinnen müssten mit kräftiger, fester Stimme sprechen können, um vom Pilgerzug gehört zu werden. Hin und wieder gab es Gerangel um die Aufgabe, das Kirchenvolk durch die Felder zu leiten. Wer sich für den Kirchendienst freiwillig verdingte, wollte unbedingt zur Vorbeterin aufsteigen, denn dies bedeutete Ansehen und eine Vormachtstellung in der Pfarrgemeinde. Mutter hatte daran jedoch kein Interesse. Den Pastor störte dieser Glaubenskrieg weniger. Je mehr Gerangel aufkam, desto größer war seine Wahl und das Engagement der katholischen Frauengemeinschaft in seiner Gemeinde.

Während der frühmorgendlichen Wanderung beobachtete ich die Saarwellinger Landschaft und entdeckte am Wegesrand Frühaufsteher wie mich: Feldmäuse, Salamander, Blindschleichen und Vögel. Das Schönste im Mai jedoch war, dass ich zu Hause einen Marienaltar herrichten und mit Blumen schmücken durfte. Muttergottesblumen sollte ich pflücken, Butterblumen und Lupinen. Mutter sagte: „Wenn du der Mutter Gottes die schönsten Wiesenblumen pflückst, wird die schönste aller Frauen noch schöner und ihr Glanz fällt auf dich zurück." So tobte ich mit meiner Freundin und den Jungs, die in meiner Straße wohnten, in den Wiesen herum, die an die Häuser und die Uferböschung des Ellbachs angrenzten, um Blumen zu pflücken. Auch sonntags trafen wir uns, denn der Marienaltar musste täglich erneuert werden.

Sonntags trugen alle Mädchen weiße Schürzen. Das gehörte sich so. Im Fernsehen lief gerade die Serie „Die Höhlenkinder", die ich mit meiner Kusine bei ihr zuhause ansehen durfte. Wir hatten weder ein Fernsehgerät noch eine Waschmaschine. Freitags war traditioneller Waschtag. Mutter stand stundenlang in gebückter Haltung am heißen Kessel, um jedes einzelne Stück zu reiben und auszuwringen und wieder zu reiben und auszuwringen. Oft konnte sie sich nach so einem Tag harter Arbeit nicht mehr richtig aufrichten. Weshalb sie mich immer darauf aufmerksam machte, dass ich ganz besonders gut auf meine weiße Sonntagsschürze achten sollte. Denn die musste in die Kochwäsche.

Meine Freundin und ich waren von der Sendung so begeistert, dass wir wie die Höhlenkinder uns eine eigene Höhle einrichten wollten. Wir würden wie die Erwachsenen alles selbst bestimmen und ich könnte dann auch einmal die Mutter sein, die ihr Kind aufs Zimmer schicken konnte, wenn es etwas Unerlaubtes geredet oder getan hätte. Mutter sagte oft: „Wenn du einmal erwachsen bist, wirst du verstehen, warum ich dich auf dein Zimmer schicke."

Wir suchten in der Umgebung nach einer entsprechenden Behausung, erforschten zuerst die Rohbauten, in denen wir aber nicht sesshaft werden konnten. Montags wurde unsere Wohnung von den Bauarbeitern immer wieder zerstört. So stöberten wir weiter und fanden schließlich an einem Sonntag in der Kanalisation, die unser Dorf in der Mitte untertunnelte, eine Röhre, die dafür groß genug war. Wir gingen hinein. In dieser Höhle konnten wir sogar aufrecht stehen. Dies war wichtig, um unsere weißen Schürzen nicht zu verschmutzen.

Wir hatten nicht bemerkt, dass die Jungs uns gefolgt waren. Da wir sie nicht mitspielen lassen wollten, fingen sie an, von oben in die Rinne, in der das Wasser stand, Steine zu werfen, dass es nach allen Seiten hin spritzte. Wir erschraken, denn das Spritzwasser drohte unsere Schürzen zu beflecken. Das würde mir Mutter nie verzeihen! Wir baten die Jungs, damit aufzuhören. Doch je mehr wir sie darum baten, desto mehr Steine prasselten ins Kanalwasser und desto mehr braune Brühe hüpfte auf unsere Schürzen.

Völlig verschmutzt kam ich zu Hause an. Ich schlich mich ins Wohnzimmer, um die gesammelte Blütenpracht in die Vase des Marienaltars zu stellen. Mutter kam aus der Küche, sah die Bescherung und schlug die Hände über dem Kopf zusammen. Außer sich vor Ärger und Wut schimpfte sie

so laut wie nie zuvor: „Wo um alles in der Welt bist du gewesen. Ehrt man so den heiligen Sonntag. Na warte!"
Dabei schnappte sie sich den Besen, der in der Ecke stand, um mir den Allerwertesten zu polieren. Dies war ein ganz neues Erlebnis für mich, denn meine Mutter hatte mich noch nie geschlagen. Aufgeschreckt lief ich um den Tisch herum, doch Mutter kam immer hinterdrein. Ich versuchte, ihr zu erklären, was geschehen war. Aber es fruchtete nicht. "Was sind denn das für Ausreden", rief sie erregt, "nicht die Jungs sind schuld daran, dass du so aussiehst. Wer mit dem Feuer spielt, wird sich auch früher oder später daran verbrennen! Wie oft habe ich dir schon gesagt, dass du vorher nachdenken sollst, bevor du etwas tust. Dann brauchst du auch hinterher keine Ausreden zu suchen!"
Bevor sie den ungeliebten Satz aussprechen konnte, dass ich in mein Zimmer gehen soll, rannte ich die Treppe hinauf und verschloss die Tür. Draußen tobte Mutter weiter: „Was um alles Welt hast du in der Kanalisation zu suchen! Du bist ein Mädchen, sollst eine Familie gründen und Kinder in die Welt setzen. Darüber wirst du jetzt nachdenken. Und zwar eine Woche lang. Hörst du!"
„Ja, Mama", sagte ich kleinlaut. Ich konnte ihr nicht mehr sagen, dass wir doch genau das spielen wollten. Wir hatten uns wohl den falschen Ort dafür ausgesucht. So baute ich in meinem Zimmer aus der Matratze und dem Betttuch eine Höhle, um das Spiel der Höhlenkinder zu Ende spielen zu können.

Frühlingsbad

Vom Sonnenberg rollt
Blumen getriebenes Windrad
Duftwellen wallen hinterher
Blütengischt schäumt auf
Lerchen tauchen
ins Frühlingsbad

Parkverbot

Schnecken spielten verschmitzt Verstecken
vor den Zangen der Skorpione.

Dass niemand im Blumenparadies wohne
Gartenbarone Gift verspritzten.

Skorpione und Schnecken flitzten
aus des Parkes Todeszone.

Püttlinger Schlosspark

Tiefgefurchte Schuppenborke bröckelt
wie ein alter Kalender um mich
unter der leichten Schräge der Birke schwingen
überhängende Zweige die Säge der Blätterketten
über den Blütenkörben junger Köpfe hinweg

sie tragen verlorenes Weiß
auf Maßliebchens Zungenblüten
die von gelben Stunden reden und vom Kuss
zwischen Hahnenfuß und Löwenzahn

alle in den Himmel geschlagenen Glockentöne
fallen auf die Stille zurück
die standhaft bleibt und sich ausdehnt
je mehr Kolkraben zum Tanz
der Rauchschwalben krakeelen.

Feiertage im Mai

Neununddreißig Tage nach Ostersonntag ist Christi Himmelfahrt. Seit dem 4. Jahrhundert ist er ein eigener Feiertag. Zum Brauchtum gehören die Bittprozessionen, die sich aus den Prozessionszügen oder -ritten durch Wald und Wiesen entwickelt haben. Die Gläubigen baten damals um ein gutes Erntejahr, weshalb sie auch als "Bitttage " galten. Christi Himmelfahrt ist heute auch als Vatertag als Pendant zum Muttertag bekannt. Männergruppen ziehen mit einem Bollerwagen voller Alkohol durch Dörfer, Wald und Wiesen. Am zweiten Sonntag im Mai ist Muttertag. Er wurde am 13. Mai 1923 erstmals vom Verband Deutscher Geschäftsinhaber als Tag des Blumenschenkens eingeführt. Flora war die Göttin der Blumen, der Gärten und des Frühlings und gehört damit zur ältesten Ausprägung der bäuerlich-römischen Religion. Seit 173 v. Christi fand vom 28. April bis zum 3. Mai das ihr gewidmete Fest Floralia statt. Ihr Kult wurde von einer Priesterin und einem Spezialpriester, dem sog. flamen Floralis, vollzogen. 238 v. Chr. wurde ihr zu Ehren durch Anweisung der Sibyllinischen Bücher ein Tempel beim Circus Maximus in Rom erbaut, in dem die Floralia-Festlichkeiten mit Blumenhuldigungen, Ausgelassenheit und Tierspielen stattfanden.

Bauernregel
Wie Christus in den Himmel fährt, zehn Sonntag so das Wetter währt.
Scheint auf Himmelfahrt die Sonne, bringt der Herbst uns große Wonne.
Regen zu Christi Himmelfahrt, macht dem Bauern die Erde hart.

Zitate
Er führte sie aber hinaus bis in die Nähe von Betanien und hob die Hände auf und segnete sie. Und es geschah, indem er sie segnete, schied er von ihnen und wurde aufgehoben in den Himmel. Lukas 24,50-51

Der Frühling

Der Frühling kommt mit Freude uns zu fangen
mit frohem Klang die Vögel ihn begrüßen
dem Wind zu lauschen diesem milden süßen
und Bäche plätschern murmeln ihr Verlangen

Doch plötzlich wird der Himmel ganz verhangen
es muss das Licht im schwarzen Mantel büßen
denn Blitz und Donner liegen ihm zu Füßen
ein zaubrisch Lied hat sich aufs Neu verfangen

Im Wiesenfeld voll Blüte voller Düfte
ein Hirte schläft den treuen Hund zur Seite
die Gräser wedeln flüstern durch die Lüfte

Bald tanzen Nymphen in der lichten Weite
zum Dudelsack der Blumen liebste Klüfte
nur Frühling dieser Welt die Pracht verleihte

Nachdichtung des Sonetts "La Primavera" - der Frühling von Antonio Vivaldi aus: „Le quattro stagioni" - Die vier Jahreszeiten

Lebensgarten

Milde waltet in des Gartens ew'gen Hände
Samen streut den Segen der Natur
in geistliches Gelände
einer weiten Heimat

ein Lebensbaum der ausgebreitet Wurzeln flicht
im Wüstensand der Früchte führt
in himmlisches Gelicht
und niemals ruht

Güt'ger Gott
der du das Walten deines Dieners überlässt
dem Sorgen für die Seelen
als ein übervolles Erntefest
in deiner Heimstatt

die sich öffnet
in der Blüte allen Liebens
sich dem Leuchten hingibt
Senfkorn allen Siebens
mit vollem Blut

Feigenbaum
du trägst das neue Blatt
als eines Lebens grüne Frucht
die in sich birgt das Reine
einer dornenlosen Rosenzucht

Gewidmet Pastor Hans Georg Müller,
Püttlingen, Weiherbergstraße

Frühlingsschnitte

Gestern lehnte mein Kopf an der Maiwand
im verschwenderischen Grün des Frühlings.
Kirschblütenduft legte die Vermutung nahe,
dass die Ernte üppig wird.

Ich sah im Spiegel, wie die Schatten
der Vergangenheit sich auflösten.
Im letzten Grau webte die Hand des Schnitters.

Schwarze Flecken im Firmament
beschwören die Sonnenfinsternis.
Wann immer sie eintrifft,
verlieren die strahlenden Stellen.

Bei länger andauerndem Regen
verwischt das Grau sich im Schwarz.
Eine Dunkelkammer hält mich gefangen
und versperrt die Spaziergänge.

Ich schließe die Fenster
und taste nach dem Zündholz.

Eine Kerze wird zum Solarium,
eine Blume zum Garten,
ein Wort zur Geschichte.

Honigkrieg

Mich hüllten Düfte ein im Weiß der Rispenblüte,
die Süße eingebunden auf der Blumenbank,
in Sträuchern lockte Suchende der Nektartrank,
die Wespen hingesunken in die Honigbrüte.

Ein Falter surrte ins Gestäub mit Lustgemüte,
umklammerte das Astrohr, lupfte im Gerank
am Bacchusbecher aus dem offnen Blütenschank,
vibrierte aufgeregt im Rausch der Nektargüte.

Die Wespen zogen ihre Fühler aus den Pollen,
ersummten zornig Helfer aus den nahen Wiesen,
gemeinsam sie zum Kampf um Nahrungstöpfe bliesen,

voll Ärgernis die Wespenbäckchen überquollen.
Ein Luftsog zerrte plötzlich kräftig in den Lüften.
Natur zerstob die Krieger, warf sie aus den Hüften.

Zu den Klavierstücken "Blumensuite" von Heitor Villa-Lobos

Idyll einer Hängematte

Wind perlt
Licht tanzt
seelenleichtes Wiegen schläfert
Sinnestaumel süße Träumerei

Zeit flieht
weltfrei
säuseln in der Hängematte
Wolken federn Sonnenlethargie

leis schwingt
Klangspiel
Herzenstöne musizieren
Sinfonie des schönen Nachmittags

Ein singendes Landmädchen

Blumenflor
und ein kleines Lied im Ohr
Fünferschritt
dreimal vor und zwei zurück
Blütenduft
Zartheit tränkt die Wehmutsluft
Wiesenplatz
findet darin einen Schatz
Mädchenhand
pflückt sich durch das Zauberland
Lied im Ohr
und im Herzen Blumenflor

Freude im Garten

Himmelsschlüssel Tausendschönchen
Hortensien und Akelei

Maiglöckchen und Gänseblümchen
immergrünes Allerlei

Goldlöckchen und Zaubernüsse
Zierrat kleiner Länderei

Sonnengüsse Himmelsküsse
holde Gartenliebelei

Morgendämmerung im Garten

Um vier Uhr zwitschern die ersten Vögel. Die erste Fütterung beginnt. Ganze Schwärme fliegen von Ast zu Ast, von Strauch zu Strauch. In der Morgendämmerung picken Amseln in der Wiese. Ihre gelben Schnäbel blinken im taunassen Gras. Im Kirschbaum raschelt es. Ein Pärchen ist angeflogen und schaukelt sich an die Kirschen heran, welch köstliches Frühstücksmal. Es tschirp und flötet, ziept und fiept. Die Sonne nähert sich langsam dem Horizont. Es wird heller. Plötzlich krakeelt es und das Amselheer fliegt auf. Schwarze Krähen stürzen sich ins Halmland und suchen nach Regenwürmern. Kein Platz für Konkurrenz.
In den Nestern schreien kleine Schnäbel nach Nahrung. Während der Fütterung wacht im Ahorn das Elstermännchen, wippt auf und ab, schackert und stößt Warnschreie aus. Dies sorgt für Aufruhr im Vogelparadies.
Denn nicht nur Tauben glucken über die Dachgrate. Ein größerer Vogel hat sich hinzu gesellt. Braunes Gefieder, dunkel gerändert, gebogener Schnabel, Raubvogelklasse. Ein aufgeregtes Gellen und alle Kleinvögel huschen in ihre Verstecke.
Nur die Tauben lassen sich nicht stören. Sie schnäbeln am frühen Morgen und gurren vergnügt im aufgehenden Sonnenlicht.

Vom Baum ein Aufschrei
Amseln bewachen das Nest
Raubvögel spähen

Müßige Stunden

Es dehnen die müßigen Stunden versponnen das Licht
lautlos am Straßenrand reift es heran neues Grün
treibt in den Tag ohne Absicht ein junges Fortune
und in den Alleen verliert sich das Schattengesicht

Ich streife umher unterm Zittern des Sonnengeflechts
Wind schlürft die Wärme und wedelt sie auf meine Haut
Cello spielt wildes Gesträuch springt ein mystischer Laut
als Elfen ertanzen den Lotfall des hellen Gehechts

Und alles was lebt sich dem flimmernden Rausch anvertraut
plötzlich erkenne ich wieder was immer schon war
atme den Duft und erspüre es unmittelbar
das wahrhafte Leben das mir in die Seele geschaut

✺

Frühlingsliebe

Zauberin, ruf deine Engel herbei und fülle die Köcher,
liebklar der Himmel, federwolkenleicht und beginne,
Pfeile zu spitzen, Bögen zu spannen zum treffenden Schuss.
Längst hat der Frühling Gelichter geweckt, verschenkt jene Rose
welche Herzblatt für Herzblatt, liebsüß getränkt, uns schon
taumeln lässt.

Inhalt

Das Jahr hat viele Tage **5**
Die dunklen Tage 5
Monatslosungen 6
Wärmelichter 6
In allen Dingen 7
Frühlingsrondell 8
Das Spiel der Natur 9
Über die Jahreszeiten 10
Noch wintervoll 13
Genesis 14

Das Schwarz entflieht **15**
Ach alles wendet sich zum Licht 15
Stiller Tag der Ernte 16
Sonnentiefstand 17
Vorboten 18
Maskerade 19
Tiefschlaf 20
Aufwärmflug 21
Glanzlichter 21
Im Fluss 22
Ein Kind kann sein 22
Frühlingsboten 23
Morgenglühlicht 23
Hübsches Februarmädchen 24
Schneeglöckchen 25
Maskenball 26
Frühlingsaufbruch 26
Winterrückfall 27
Reime frühlingsverrückt 28
Vorfrühling 28

Warten auf winziges Weiß **29**
Pfeift ein Vogel den Liebeslaut 29
Wartezeit 30
Ausschlag 30
Frühlingshoffnung 31
Die Knolle 32

Das Säen des Bauern 33
Märzwinter 34
Rabenfang 34
Rinden wundgeschuppt 35
Aufbricht Borkenkrepp 35
Die Fuhre des Lichts 35
Im lichten Vorschein 35
März 36
Frühlingsgefühle 37
Lichtspiele 38
Erster Frühling 39
Im Reichtum der Welt 39
Die Fülle des Samens 40
Contenance 40
Eine Kuh macht Muh. 40
Wenn Hasen über Felder rasen, ... 40
Vogelwäsche 41
Der Köllerbach I 42
Der Köllerbach II 43
Der Köllerbach III 44
Überall liegt Staub 45
Zitronenfalter 45
In Kiefern rascheln 45
Weide schäumt besonnt 45
Schnecken im Frühlicht 45
Rooda Mòjen 46

Wer entzündet das Grün 47
Blütenstaub haucht Duft 47
Frühlingsmuster 48
Lichtschrift 48
Entsendung 49
Morgendämmerung 49
Feiertage im März 50
Veilchenblüte 51
Frühlingsschlüssel 52
Frühlingsgewitter 52
Frühlingssturm 53
Monduntergang 54
Ladinische Aussichten 55
Lichtmaß 58

Ich möchte diesen Tag ohne Irrungen 59
Unkenrufe 60

Schneckenputsch **61**
Federflaum fliegt leis 61
Kalenderblatt April 62
April 63
April, April 64
Die kleine Raupe Rullerbunt 64
Wetterwechsel 65
Auf Wolken 65
Deutsch-Französischer Garten 66
Funkspruch 66
Häschen in der Grube 67
Frühlingsgesang 67
Stolperfalle 68
Das Wandern der Tage 68
Frühlingsfeste 69
Lichtschlag 70
Ehrenfriedhof 71
Laufzeit 72
Rauch am Himmel 72
Ballade vom wahren Schneckenputsch 73
Vulkaneifel 74

Ostern **75**
Lass mich atmen Herr 75
Von Osterhasen und Klapperstörchen 76
Kindergebet 80
Morgendämmerung 81
Die Osmanische Wappenblume 82
Frühlingsvollmond 83
Frühlingsserenade 84
Mittachs 85
Nebelreiter 86
Kalenderblatt Ostern 87
Glaube 90
Hoffnung 91
Liebe 92
Das Leben 93
Karwoche 94

Der Ruf	95
Todesstunde	96
Requiem	97
Du trocknest meine Tränen wieder	98
Allerliebstes Licht	99
Püttlinger Dom	100
Weißer Sonntag	101
Von Herchenbach nach Sellerbach	102
Mich hüllten Düfte ein	**103**
Im Rausch der Farben	103
Kalenderblatt Mai	104
Maitag am Lac du Der	105
Frühling in Burgund	106
Mittachsbad	107
Hoch uff em Wòòn dem gelwen	108
O Däla weit, o Hejen	109
Òwendschlumma	110
Die Blumensprache	111
Amorette, Amorette,	112
Im Farbgewirr	112
Rotblütenmal	113
Blütenschaumzauber	113
Grünland	114
Die Luft blüht lavendelblau	114
Blütenschutz	115
Lupinen sammeln	115
Im Schmetterlingstanz	115
Vormittag in der Champagne-Ardenne	116
Marienmonat Mai	117
Marienfürbitte	118
Die Höhlenkinder	119
Frühlingsbad	121
Parkverbot	122
Püttlinger Schlosspark	122
Feiertage im Mai	123
Der Frühling	124
Lebensgarten	125
Frühlingsschnitte	126
Honigkrieg	127
Idyll einer Hängematte	128

Ein singendes Landmädchen 129
Freude im Garten 129
Morgendämmerung im Garten 130
Vom Baum ein Aufschrei 130
Müßige Stunden 131
Frühlingsliebe 131

Quellenverzeichnis Sachtexte

Frühling, http://de.wikipedia.org/wiki/Fr%C3%BChling aufgerufen am 09.11.2014
Frühlingsblumen, http://frankfurt-interaktiv.de/specials/fruehling/fruehlingsblumen.html aufgerufen am 9.11.2014
Tulpen, http://frankfurt-interaktiv.de/specials/blumen/tulpen.html aufgerufen am 9.11.2014
Ostern, http://www.kathpedia.com/index.php?title=Ostern aufgerufen am 9.11.2014
Osternacht, http://de.wikipedia.org/wiki/Osternacht aufgerufen am 9.11.2014
Triduum sacrum, http://www.vatican.va/holy_father/john_paul_ii/audiences/1998/documents/hf_jp-ii_aud_08041998_ge.html aufgerufen am 9.11.2014
Ostern, http://www.heiligenlexikon.de/Kalender/Ostern.html aufgerufen am 9.11.2014
Osternacht, http://de.wikipedia.org/wiki/Osternacht aufgerufen am 9.11.2014
Triduum sacrum, http://www.vatican.va/holy_father/john_paul_ii/audiences/1998/documents/hf_jp-ii_aud_08041998_ge.html aufgerufen am 9.11.2014
Ostern, http://www.russlandjournal.de/russland/reiseinformationen/feiertage/ostern/ aufgerufen am 9.11.2014
Orthodoxie, http://www.theology.de/religionen/oekumene/orthodoxieoekumene/index.php aufgerufen am 9.11.2014
Phänologie, http://www.dwd.de/bvbw/appmanager/bvbw/dwdwwwDesktop?_nfpb=true&_pageLabel=_dwdwww_klima_umwelt_phaenologie&T94009gsbDocumentPath=Navigation%2FOeffentlichkeit%2FKlima__Umwelt%2FPhaenologie%2Fallgemeines%2Fhome__allgemeines__node.html%3F__nnn%3Dtrue aufgerufen am 9.11.2014
Phänologische Uhr, http://www.dwd.de/bvbw/appmanager/bvbw/dwdwwwDesktop?_nfpb=true&_pageLabel=dwdwww_result_page&gsbSearchDocId=645894 aufgerufen am 9.11.2014
Phänologie, http://www.nabu.de/naturerleben/naturtipps/jahreszeiten/ aufgerufen 10.11.2014
Tagundnachtgleiche, http://de.wikipedia.org/wiki/%C3%84quinoktium aufgerufen 10.11.2014
Frühlingspunkt, http://de.wikipedia.org/wiki/Fr%C3%BChlingspunkt

aufgerufen 10.11.2014
Vorfrühling, http://de.wikipedia.org/wiki/Vorfr%C3%BChling
aufgerufen 10.11.2014
Erstfrühling, http://de.wikipedia.org/wiki/Mittfr%C3%BChling
aufgerufen 10.11.2014
Vollfrühling, http://de.wikipedia.org/wiki/Sp%C3%A4tfr%C3%BChling
aufgerufen am 10.11.2014
Äquator, http://de.wikipedia.org/wiki/%C3%84quator
aufgerufen am 18.01.2015
Jahreszeiten, http://de.wikipedia.org/wiki/Jahreszeit
aufgerufen am 18.01.2015

Die Gedichte sind folgenden Schriften und Büchern entnommen:

Windblumen. Gedichte. 1985. Eigenverlag.

Lichtflut. Reisenotizen. Lyrik und Prosa. Edition Calamus. Norderstedt 2001. ISBN 3-8311-1493-5. 2. erw. Auflage Verlag BoD Books on Demand. Norderstedt 2014. ISBN 987-3831114931.

Eine Neigung aus Blau. Gegenwartslyrik. Norderstedt 2002. ISBN 3.8311-3334-4. 2. Auflage Verlag BoD Books on Demand. Norderstedt 2014. ISBN 9783831133345.

Bist Himmel mir und tausend Feuerfunken. Gedichte. Mauer Verlag. Rottenburg a/N. 2003. ISBN 3-937008-46-2.

Verwirbelungen der Zeit. Lyrik mit Bildern von Carolin Isele. WiKu Éditions Paris E.U.R.L. Paris und WiKu Verlag KG Berlin 2005. ISBN 3-86553-203-9.

Es kommen andere Ewigkeiten. Gedichte. WiKu Édition Paris ISBN 2-84976-018-8 WiKu Verlag 2007. ISBN 978-3-86553-189-6.

Himmelsstürme. Gedichte mit Fotografien. edition Wort Verlag Bitburg 2010. ISBN 978-3-936554-00-3.

Das Jahr: Dichtung in vier Sätzen. Gedichte mit Fotografien. Verlag BoD Books on Demand Norderstedt 2013. ISBN 978-3-7322-3168-3.

Frühlingsserenade. Die schönsten Gedichte, Geschichten und Notizen zur Frühlingszeit. Verlag BoD Books on Demand. Norderstedt 2015. ISBN 978-3-7347-3140-2.

Bücher von Vera Hewener

Vermisstenanzeige. Gewidmet den ermordeten Juden des Naziregimes. Lyrik und Prosa. Libri BoD. Norderstedt 2000. ISBN 3-8311-0748-3. 2. erw. Auflage 2014. ISBN 978-3831107483.

Lichtflut. Reisenotizen. Lyrik und Prosa. Edition Calamus. Norderstedt 2001. ISBN 3-8311-1493-5. 2. erw. Auflage 2014. ISBN 987-3831114931.

Eine Neigung aus Blau. Gegenwartslyrik. Norderstedt 2002. ISBN 3.8311-3334-4. 2. Auflage 2014. ISBN 9783831133345

Bist Himmel mir und tausend Feuerfunken. Gedichte. Mauer Verlag. Rottenburg a/N. 2003. ISBN 3-937008-46-2.

Verwirbelungen der Zeit. Lyrik mit Bildern von Carolin Isele. WiKu Éditions Paris E.U.R.L. Paris und WiKu Verlag KG Berlin 2005. ISBN 3-86553-203-9.

Es kommen andere Ewigkeiten. Gedichte. WiKu Édition Paris ISBN 2-84976-018-8 WiKu Verlag 2007. ISBN 978-3-86553-189-6.

Himmelsstürme. Gedichte mit Fotografien. edition Wort Verlag Bitburg 2010. ISBN 978-3-936554-00-3.

Das Jahr: Dichtung in vier Sätzen. Gedichte mit Fotografien. BoD Books on Demand Norderstedt 2013. ISBN 978-3-7322-3168-3.

Zaubervolle Winterwelt. Gedichte, Geschichten, Notizen. Verlag BoD Books on Demand. Norderstedt 2014. ISBN 9783735761262.

Frühlingsserenade. Die schönsten Gedichte, Geschichten und Notizen zur Frühlingszeit. Verlag BoD Books on Demand. Norderstedt 2015. ISBN 978-3-7347-3140-2.

Die Blüte des Sommers. Sommeranthologie. Die schönsten Gedichte, Geschichten und Kalendernotizen. Verlag BoD Books on Demand. Norderstedt 2015. ISBN 978-3-7347-89540.

In der Saar schwimmen keine Krokodile. Gegenwartslyrik & Texte. Verlag BoD Books on Demand. Norderstedt 2015. ISBN 9783738635676

Von Lorraine nach Aquitaine. Reisenotizen in Lyrik und Prosa. Verlag BoD Books on Demand. Norderstedt 2016. ISBN 9783741210860.

Du trocknest meine Tränen wieder. Religiöse Lyrik & Texte. Verlag BoD Books on Demand. Norderstedt 2016. ISBN 9783743113589